基于企业家的战略实施研究

刘 雪 著

图书在版编目(CIP)数据

基于企业家的战略实施研究/刘雪著.—南京:河海大学出版社,2014.12
ISBN 978-7-5630-3855-8

Ⅰ.①基… Ⅱ.①刘… Ⅲ.①企业管理—研究 Ⅳ.①F270

中国版本图书馆 CIP 数据核字(2014)第 310973 号

书　　名	基于企业家的战略实施研究
书　　号	ISBN 978-7-5630-3855-8
责任编辑	毛积孝
特约编辑	赵联宁
封面设计	槿容轩
出版发行	河海大学出版社
地　　址	南京市西康路 1 号(邮编:210098)
电　　话	(025)83737852(总编室)　(025)83722833(发行部)
经　　销	江苏省新华发行集团有限公司
排　　版	南京新翰博图文制作有限公司
印　　刷	虎彩印艺股份有限公司
开　　本	787 毫米×1092 毫米　1/16　11.5 印张　197 千字
版　　次	2014 年 12 月第 1 版　2014 年 12 月第 1 次印刷
定　　价	33.00 元

目 录

第一章 导 论

本章引言

本章以经济全球化条件下日趋激烈的企业竞争为描述对象，针对企业战略“执行难”的现状，提出构建基于企业家的战略实施的范式。其次，对本课题的研究意义加以探讨，对企业家和战略实施的相关理论研究进行述评。最后，对研究的主要方法、研究的主要思路、研究的创新点以及技术路线进行分析。

1.1 问题的提出和研究意义

1.1.1 问题讨论的背景：我国企业战略执行的现状

大量中国企业的成长经验和企业战略管理的实践表明，我国企业经营已经进入了战略竞争时代。那些在战略思路和实践方面超前于一般企业的中国企业将在未来的竞争中立于不败之地，而那些在战略管理方面滞后的企业将被淘汰出局。[1]近年来，我国经济发展的状况表明，目前中国已经进入了“过剩经济”时代。诸多资源，尤其是企业家这样的人力资本已经很难获得。[2]企业市场更是趋于饱和，企业组织面临着权力构造、市场力的重新培育、战略执行力的打造及迎接世界跨国企业的挑战等多重考验。但是，“执行力缺失”成为了我国企业界的通病，实践中大体表现为：

(1) 战略实施目标的短期化

当前许多企业家在制定企业战略目标或实施企业的战略时，都会存在短期化的倾向。例如，从股东角度来看，多数进入股市的人，其目标并非投资，更多的是投机行为。股东对企业未来的行为不了解且难以控制，只是期望短期内企业效益好、股价上涨快、红利率高。可见，股东对企业的期望也太偏重短期。从企业与金融机构的关系来考察，也是如此。由于我国企业负债率普遍过高，有的甚至达到90%以上，负债中的一大部分已经用于固定资产投资，许多贷款早已到期，经营形势很严峻。为了偿还银行债务利息，偿还到期的贷款本金，企业已经是捉襟见肘，在这种情况下，只能拆了东墙补西墙，许多企业领导人更是得过且过，缺乏长期计划，甚至也没有制订短期计划。企业职工面临越来越多的下岗压力，也使得企业职工的敬业精神大为淡化。企业家也往往出于对利益的追求，片面强调规模效益。一些企业简单地将经济实力、经营业绩与资产规模划等号，试图通过并购、重组，收并其他企业。简单的收并，并不能实现企业效益的最大化。

(2) 战略决策缺乏规范化和制度化

企业的最终决策是由董事长或总经理一个人作出的，这在中国企业中十分普遍，其根源是企业的发展战略往往由董事长或总经理个人制定的，这使得战略决策实质上是“一言堂”。同时，缺乏制度化和规划性的战略决策也是中国企业战略形成的一大特点。战略的偶发性和不确定性将导致企业日常的主要经营活动缺乏重点和核心，各职能部门更为关注的是各自的职能活动而非战略的贡献，难以形成整体凝聚力。高级管理层对战略的认同程度显著低于了解程度，说明企业高层内部对未来企业的发展战略存在着相当大的分歧。这些不但影响了战略决策的质量，而且致使在制定过程中隐性表现的障碍和阻力在执行过程中逐渐显现出来，最终成为影响战略执行的障碍。

(3) 企业经营者过度注重个人得失

目前，中国的国有企业往往存在这样两个问题，即领导的“私”心太重，或是不考虑市场需求的生产。作为“经济人”的企业家，对企业和个人利益的追求是其战略实施行为的内在驱动力。但是，作为企业家，在企业决策时不应过多考虑个人得失，应从企业出发，这样才能作出正确判断。这些年来，随着政企分离，企业领导的官员意识相对淡薄，由企业领导人转入政府官员的渠道越来越狭窄，退休之后也难以享受到过去政府官员退休后所享受的较高待遇，加上企业领导人，尤其是国有企业的领导人还很难按市场经济的运行规律取得相应的报酬，导致企业领导人一直处于心理失衡状态。在不能按照合理合法的途径获得应得到的报酬时，他们就会采取不符合道德，甚至是非法的途径，获得自己的利益，以至于在进行战略决策过程出现以个人利益最大化替代企业利益最大化的现象。比较普遍的行为就是尽量利用在决策中的权力，捞取个人利益，使得企业决策偏离了股东权益最大化的要求，造成企业决策的失误和国有资产的大量流失。

(4) 企业战略实施过程中的执行战术趋同

企业战略管理和日常经营中的趋同现象日益突出。例如,1980 年代的彩电热、1990 年代的 VCD 热等。1990 年代后期,许多家电企业纷纷实施多元化战略,白色家电企业进入黑色家电领域,黑色家电企业进入白色家电领域,企业变得越来越相似,越来越没有特色,战略和战术变得日趋相似。这造成了生产能力的大量闲置,使得产品供大于求以及企业竞争力降低、利润率下降,甚至亏损。这其中,最主要的原因在于企业往往接受政府的产业政策指导,特别是一些地方政府为实现政府业绩,采用培养典型,树立样板型企业的方式,导致国内的很多企业出现了不正常的"集体行为",如:企业战略目标的空洞化,片面认为一些小企业合并成大企业就是"规模经济",一般情况是将某一企业的战略直接运用于另一企业,而无论其是否具备适用条件。

(5) 信息系统不能有效支持战略执行

研究表明,在执行战略的过程中,战略共识从上至下逐渐减弱。[3]从高层管理者开始,战略在向中下层员工和外部利益相关者传递的过程中共识程度逐步下降。作为战略制定者的高层管理人员自然非常了解企业战略,但是,到中下层员工,对于企业战略只达到基本了解的水平,外部利益相关者对企业战略则了解甚少,组织对战略理解的层级明显递减,呈倒金字塔型。高级管理层对战略的认同程度低于了解程度,这都说明企业高层内部在未来企业的发展战略上存在着相当程度的分歧。尽管良好的信息系统可以弥补这样的问题,但是,目前的信息系统也仅仅只是达到了基本能够满足战略执行要求的水平。[4]尽管许多企业已经越来越重视企业的信息化建设,但是信息系统的效用仍然与战略执行的预期有相当大的距离,对战略执行的辅助和支持的效果尚显薄弱。

(6) 战略执行监控的失效

在中国战略执行的监控方面,中国企业尚不能很好地将业绩评估制度和奖惩激励制度与企业战略联系起来。于是,业绩评估与奖惩激励成为了战略执行过程中的"软肋"。国有企业激励制度的相对僵化和民营企业激励制度的薄弱都会影响到员工参与战略执行的积极性和主动性,使得战略执行成为决策人的任务而非整个企业共同的目标。由于难以得到相应的激励和补偿,中下层员工将更多地关注各自的职能活动而非战略目标的实现。这些都使得战略执行的进程和效果不能得到有效的监控。调查数据显示,中国企业目前平均的执行监控力仅为 2.97,低于基本匹配的水平。[5]

造成以上现象的原因主要在于,一方面是大量寻租行为的存在和未来政策环境的不确定性。目前，在体制转轨过程中，许多企业的发家和成长不是靠提高企业的竞争力来实现的。对于许多企业来说，过去成功的方式在很大程度上决定了它现在和将来要追寻的方式和路线，甚至决定了将要实施何种“战略”。在体制转轨时期，对于许多企业来说，不与有关政府部门搞好关系，就不能得到生产经营所必须的资源，而搞好了关系不仅可以得到廉价资源，而且可以享受许多政策给予的优惠。他们信奉“关系就是生产力”，不是依靠市场规律，而是通过内外勾结，官商勾结，或裙带关系等种种手段，占有大量社会资源，实现发家致富，有的甚至建立起令人望而生畏的“经济王国”，号称“巨富”或“首富”。这些暴发户大多依靠向银行借贷发家的，有的也因为最后无法偿还欠下的巨额债务而败露、破产，以失败而告终。这些通过“寻租”发展起来的企业会对“寻租”产生一定程度的依赖，只会通过“寻租”来谋取企业的进一步发展。但是，由于“租金”具有很大的不确定性和不可预见性，再加上政策的多变，企业很难对未来进行预期，以至企业的经营往往出现短期导向的行为。而中国当前存在的“三角债”、地方保护、假冒伪劣等等都冲击着企业的正常经营。

另一方面，缺乏一种尊重、理解和保护合法的个人利益的制度和激励机制也是造成上述情形的重要原因之一。自古以来，中国先哲一直倡导一种大公无私、舍利取义的价值观念，认为通过道德教化，人们可以将自己的自利行为限制到一个最低程度，变成一个高尚的人。这与作为“经济人”所追求的目标是不一致的，但现实中又有某种变通的渠道。在长达两千多年的封建社会，人们遵循的是学而优则仕，走上仕途就可以实现荣华富贵、衣锦还乡、光宗耀祖的梦想。但是要走上仕途却非得打着“为大众服务”的口号不可，且不能将心中暗藏的谋取私利的动机表现出来。我们不能否认有许多仁人志士抛头颅、撒热血，为了人民的利益而浴血奋战，杀身成仁，舍生取义。但更不可否认的是，尽管芸芸众生也有为他人利益而舍弃自己利益的时候，但当自己的利益与他人的利益发生冲突时，大多数人却不可避免地会选择自己的利益。当我们倡导的、在社会上受到鼓励的高尚行为与我们自己实际所追求的利益发生矛盾时，当正式的利益机制没有为人们追求自己的利益设计出光明正大的道路时，许多人就不可避免地会选择虚伪和欺骗，导致人们在追求自己的利益时，不得不打着为他人、为众人谋取利益的口号。在市场经济体制中，应该建立一种个人和社会双赢的利益寻求机制，否则，人们就可能做出一些违法乱纪之事。市场经济对经营者应拿多少报酬要“事先有约”，也就是要有“契约”，按约拿钱，名正言顺。如果不明不白，不声不响地拿了钱，就会构成犯罪。用我们古人的话说，要“君子爱财，取之有道”，若取之无道，则成为小人，导致犯罪。

在市场经济条件下，企业存在的价值在于能够向社会提供有价值的产品和服务，进而为所有者创造利益。如果说在计划经济条件下，企业经营者把经营好企业作为进入仕途的一条途径的话，那么随着市场取向改革的逐步进行，将会割断大多数企业经营者转上仕途的道路。因此对于多数企业家来说，获利就成为经营企业的第一需要。但是，受传统观念的影响，我们没有建立起一套把企业家对企业的持续发展所做的贡献与自身利益挂钩的激励机制和约束机制，缺乏将企业家的命运与所经营的企业的命运捆绑在一起的机制。从而，作为“经济人”的企业家，当看到自己为之奋斗、为之奉献的企业取得了巨大的经营成就，而自己却不能获得相应的报酬时，就会丧失进一步发展的渴望，放弃积极进取的工作风格，而采取维持的方式，在不能增加自己利益的情况下，减少自己的投入。甚至采取合法但不利于企业发展的方式，或采取非法的方式追求自己的利益，这既侵犯了企业的利益，又不利于企业的持续经营。

真正优秀的企业家，对所从事的事业有一种敬业精神，他们最大的满足首先从事业的改进、发展、成功中获得，这样的企业家才是符合企业战略管理要求的企业家。因此必须首先在制度上创造一种环境，让企业家能够凭借自己的创新精神和经营管理获得相应的财富，并能够创造一种稳定预期的文化观念，使得在自己的物质需要获得满足之后，能够将企业作为自己一生所从事的事业，使企业向更高、更强、更具竞争力和活力的目标前进，而赚取钱财成为进一步发展企业、开拓事业的手段。这样企业家的生命力就充分地融入企业之中，企业的长期稳定发展就成为企业家心中的一种内在要求，加强企业的战略管理，追求企业的繁荣也就会成为企业家的一种自愿选择。

1.1.2 问题的提出

由于我国目前的企业执行战略现状存在着诸多问题，使得研究和关注企业家具有相当重要的理论与实践意义。因此，本文拟将企业家及企业家在战略管理中的战略行为作为研究对象，这同样是基于以下几点原因：

(1) 战略实施是战略管理缺失的一环

从整体上看，战略执行已经成为了战略实施中缺失的一环。许多企业的战略制定没有及时得到实施，致使企业失去竞争优势。针对战略管理缺失的一环——战略实施来说，战略执行在知识经济时代显得尤为重要。

作为社会经济主体和市场竞争主体的企业，如何能够获得更好的发展以及在市场中具有何种地位，其中企业家发挥着决定性的作用。因为，他们是先进生产力的代表和企业生产要素的重要组成部分。他们作为现代社会经济发展的推动者以及企业组织的大脑和灵魂，在企业发展战略的实施过程中发挥着中枢神经的作用。他们一方面是“企业组织的灵魂和大脑”，另一方面是“经济发展的发动机”[11]，尤其是在企业战略制定、实施的过程中，企业家作为企业战略的首席执行者，其作用更是众所周知。

整体上来看，企业家对于企业战略实施的有效性具有极为重要的意义。尤其是计划经济体制向市场经济体制的转变，更意味着企业家将成为经济发展的主要动力之一。[12]当代世界经济发展的历史也表明，企业家是一个国家社会经济发展中的一种特殊的人力资本，优秀的企业家既是企业的宝贵财富，又是社会最为稀缺的珍贵资源。优秀企业家群体的崛起，是一个国家进入现代经济强国的前提条件和人才基础。没有优秀的企业家群体，就不会有企业的蓬勃发展和国民经济的欣欣向荣。著名经济学家熊彼特(J. A. Schumpeter)曾经指出，企业家是经济发展的发动机，是社会发展的力量源泉。[13]因此，笔者提出构建基于企业家的战略实施范式。

(2) 企业家是企业发展的主导和灵魂

在西方经济学家的研究中，企业家是使土地、劳动力、资本这三大基本生产要素有机结合而创造财富的第四大要素。[9]

首先，在不确定的环境里，企业要生存要发展，首要问题在于制定正确的战略决策并保证它能够得到及时实施。通常，一个企业以低成本生产一种错误产品比以高成本生产一种正确产品更易遭致破产。因此，战略决策是决定企业收益的关键因素，而最关键的在于正确的战略决策能否得到及时而有效地实施。由于企业家在企业的经营决策上具有决定性作用。例如，依据中国企业家调查系统典型企业的调查结果，企业重大战略决策中有87%的决策由企业家所首倡。[10]这都使得企业家作为异质型人力资本在所有进入企业的资源要素中居于核心地位。

其次，企业家是企业经营机制的开发者和运用者。企业经营机制包括经营动力机制、经营风险机制、经营调节机制和生产经营要素运行机制等。由于经营机制具有内在的客观能动性，因此，企业家只有认识与开发、运用经营机制，才能使其为企业经营活动服务。又由于企业经营机制具有外在可控性，企业家可以把握它，运用它使企业经营优化，从而使企业效益明显提高。企业家是生产要素的组织者，企业家只有不断地对生产要素的组合进行调整，使企业资源得到更好的配置，发挥更大的效益，企业才能生存和发展下去。因此，从此种意义上来说，企业家是推动企业发展的心脏。

那么，企业家具有何种特征呢？整体上，企业家是职业化的企业经营管理者，是企业物质资本的支配者和企业家异质型人力资本的所有者，是具有创新才能和企业家精神的人，同时企业家又是一种极为稀缺的资源。而在各种企业家理论中，以下几个特征为多数企业家理论所认可，即：①机会敏感性。机会敏感性是企业家发挥领导核心作用，获得超额利润，使市场趋势于均衡的前提。企业家如果缺乏机会的敏感性，企业家的创新行为、承担不确定性、进行“判断性决策”等都无从谈起。因此，几乎所有的企业家理论都认可企业家行为的机会敏感性特征。②企业家具有创新性。创新是利用机会的必然要求；创新能力是企业家异质型人力资本的重要组成部分，是企业家获得报酬的来源；创新决策是“判断性决策”的主要内容。企业家的“创新”是依托企业的创立、成长和发展来实现的。企业家之所以从事创新活动，是因为他预测到了潜在利润的存在，利润是他创新的重要动力。在现代企业制度下，企业家作为企业的经营管理者，出于对出资人负责的压力，需要对企业家成长制度提出要求。③企业家必须承担风险和挑战不确定性。企业家在挑战充满风险的不确定性环境时，必须进行创新，而创新活动本身充满风险和不确定性，企业家作为创新主体，自然要承担由创新而产生的风险和不确定性。奈特、康替龙等人强调企业家的承担风险和挑战不确定性的特征，熊彼特强调创新、卡森强调判断性决策、柯兹纳注重企业家的洞察市场机会能力等，都含有对企业家行为承担风险、挑战不确定性环境的特征的认可。对企业家而言，环境的不确定性、市场机会、创新及进行判断性决策是密不可分的。

(3) 企业家模式是战略实施有效性的必然选择

在经济学理论的分支发展经济学理论中，企业家占据着十分重要的地位。罗斯托的经济成长理论把企业家作为实现经济起飞的两个“先行资本”之一，赫希曼等人提出的产业非平衡发展战略也把在产业链上的各个投资者和经营者具有企业家精神、能对产业联系变动做出灵敏反应作为实现平衡发展的两个实现条件之一。因此，企业家是经济增长的重要资源。马歇尔、熊彼特等经济学大师在他们的经济学中浓墨重彩地强调了企业家的作用，后者更是把自己的整个经济学体系的焦点对准企业家，将企业家看做是经济发展的发动机。

在管理学理论中，影响企业绩效和成长的因素众多而且复杂。但就某一特定的企业来说，它的兴衰成败直接取决于企业家。正因为这样，人们总是把克莱斯勒的复兴、GE 的成功归因于艾科卡和韦尔奇，把联想的成长和海尔的强盛归因于柳传志和张瑞敏。中外企业兴衰史告诉人们一个真理：企业家是企业兴衰的决定性因素。

企业为了在日新月异的市场环境中生存，制定了许多克敌制胜的企业发展战略，无论国外还是国内，企业的发展战略的实施大都采用企业家模式，企业家作为企业的首席执行官对战略的形成、执行起着关键的作用。从企业家对企业的战略制定、战略选择、战略变革的时机把握，对战略实施过程中的控制和激励，企业家在企业这个有机组织的作用及其企业家的职能这几个方面来看，企业家就是企业的中枢神经。在企业的战略执行过程中，企业家模式是企业战略实施有效性的必然选择。实践证明，企业家的领导力和企业的执行力远远比企业的战略重要。

(4) 研究的对象及研究的问题

本课题研究的主要对象是企业家及企业家在战略管理中的战略行为，研究的主要问题是企业家如何保证企业的既定战略得以顺利实施，以及企业的战略目标顺利实现。企业家一般是指企业的高层管理者或职业经理人员，也就是英文文献中的企业高层执行官员（Executive Officers），尤其是首席执行官 CEO（Chief Executive Officer）。他们具有企业家所具有的二维资本，即政治资本和异质型人力资本，是企业家模式战略实施的路径依赖。政治资本为企业获得政府的政策支持和政府大量的订单；异质型人力资本是企业家区别于一般企业经营者的显著特征，也是企业核心能力的重要部分。具体到中国的现代企业里，通常是指那些握有企业实际控制权的董事长或总经理。本文将企业家界定为能够独立地行使企业的创新和应对不确定性职能的董事长和总经理。

传统的企业战略管理模式是企业家制定企业的发展战略，至于执行是下属们的事情。而企业战略管理的现状是许多很好的战略得不到切实的执行，导致很好的企业战略规划流产，企业因此错过良好的发展机会。为了实现企业的既定战略，作者通过考量国内外企业发展战略失败与成功的案例群，得出结论，那就是为了确保企业制定的战略得到贯彻执行，保证战略实施的有效性，企业家必须改变传统的管理思维模式，实行战略管理"两手抓"，一手抓企业战略的制定，一手抓企业战略的执行，从而提高企业战略实施的有效性。企业家的领导力在企业战略执行的过程中更多地表现为企业家的执行力，而企业家的执行力是企业形成执行力文化的关键，企业家必须亲自抓影响战略执行力的人员流程、战略流程和营运流程三个核心流程，努力营造有利于战略执行的企业文化和业务流程。

1.1.3 研究意义

将企业家与企业的战略实施相关联，对企业发展的意义是非常重大的。如此，可以提高企业战略实施的有效性，提出企业家制定并领导企业的战略实施可以丰富企业管理理论，尤其是战略管理理论的相关内容。同时，对于建构中国本土企业管理理论也具有一定的现实意义。

(1) 研究的理论意义

企业战略管理发展至今,已经有近50年的历史,企业的理论大多形成于经济发达的美国,而中国企业实施战略管理仅有20多年的历史。因此,目前中国企业的战略管理理论尚处在引入与传播西方管理理论的阶段,并且开始运用西方管理理论研究中国企业的管理问题,在理论上基本没有创新。[6]引进、传播和运用西方理论是中国企业形成自已本土化管理理论的必经阶段。经过20余年的市场经济的改革,许多中国企业已经开始发展壮大并走上了国际化的道路。在经济转型过程中,数以百万计的企业和企业家积累了丰富经验和教训。可惜由于理论天生的滞后性,理论界对企业家的研究只是停留在理论方面,如战略的分析、制定、控制等。目前,专门研究企业家在企业战略实践方面的著作鲜有面世,笔者想在导师的指导下,对企业家在战略实施过程中的核心作用做一些更深入的研究,希冀能够对企业在实施战略的过程中起到指导作用。

一个不重视企业家的民族,是没有希望的民族。传统的主流经济学一直忽视对企业的研究,尤其是对企业家的研究,直到20世纪60年代,企业理论才真正兴起。现代企业理论一般集中于回答三个方面的问题:企业的性质问题、企业的边界问题和企业内部权利的安排,由此形成了一系列的理论分支,如契约理论、委托——代理理论、企业家理论等。但这些理论在企业性质研究方面,偏重企业的契约性质而忽视企业的生产性质;在企业边界研究方面,偏重企业的交易性,而忽视企业家对于边界确定的决定作用;在企业内部权利研究方面,侧重企业治理结构和企业家约束机制方面的研究,而忽视对企业家激励机制的研究,至今没有形成一个完整的企业家激励机制的理论构架。笔者意图运用现代企业战略管理理论和前人的企业家研究理论,结合中国企业战略实施的现状,构建有效的企业战略实施范式,无疑是对企业战略实施理论的丰富和发展。

(2) 研究的实践意义

为了在竞争日益激烈的市场经济中生存和发展,企业制定了正确的发展战略,但却得不到及时落实,在中国企业界是一个较为普遍的现象。除了部分企业制定的战略本身缺乏可行性和缺乏与战略要求相适应的激励机制和约束机制外,企业自身缺乏战略支持型文化也是重要原因。面对珠海“巨人”、郑州“亚细亚”、沈阳“飞龙”、济南“三株”等知名企业的失败,学术界和企业界一致认为,导致企业过早衰败和死亡的原因是多方面的,但最根本的问题既不是时间也不是规模问题,而是企业的发展战略问题,[7]更为确切地说,是企业战略是否得到及时实施的问题。理论和实践证明,企业家在企业战略的制定和实施过程中起着关键性的作用,企业家的战略实施范式是企业基业常青的关键因素。

市场经济越来越规范化,在此消彼长的市场竞争中,企业与其竞争对手的差距不完全在策略、战略上,而是在各自执行力的高低上:谁的执行到位,谁就可能比对手更有优势。如果企业的领导者只注重制定企业发展蓝图、策略、战略,而不重视这些战略或策略的落实,久而久之就会给企业的员工发出一种错误的信号——可能领导安排的工作并不重要,显然,这样企业的既定战略就不会得到彻底的贯彻,企业的发展也是个空话。面对企业内外部形势的不断变化,面对生存和发展的双重压力,既定战略的假设前提发生变化,企业执行的既定战略也会面临不断的战略性变革。企业战略变革转折点的把握往往得依靠企业家的战略敏感性和战略思维能力。战略实施过程的控制和战略实施的变革离不开企业的核心人物——企业家。为此,建立基于企业家的战略实施是企业战略实施绩优化的必然选择。

1.2 企业家和战略实施理论综述

1.2.1 战略实施理论研究综述

战略可以追溯到古希腊的“strategos”一词,其最初含义是“将军指挥军队的艺术”,[8]塞尔兹尼克(Selznick, P. 1957)为了研究制度承诺(Institution Commitment)的角色引进了“独特竞争力”(Distinctive competence)的概念,构建了现代战略的雏形。[14]而战略管理的概念是由安索夫提出,[15]最早时候战略管理称为“政策”或“战略”,是关于企业的发展方向问题,[16]后来又称作“企业政策”(Business Policy)。直到今天,美国管理协会(AOM)的战略研究小组仍称之为“企业政策与战略”(Business Policy and Strategy)。[17][18]

何谓企业战略?有关说法纷繁芜杂,形成了所谓的理论“丛林”。最为著名也最为合理的解释是明茨伯格(Mintzberg, et 1998)的 5P 模型①。战略管理概念也

① 如果从企业未来发展的角度来看,战略表现为一种计划(Plan),而从企业过去发展历程的角度来看,战略则表现为一种模式(Pattern)。如果从产业层次来看,战略表现为一种定位(Position),而从企业层次来看,战略则表现为一种观念(Perspective)。此外,战略也表现为企业在竞争中采用的一种计谋(Ploy)。这是关于企业战略比较全面的看法,即著名的 5P 模型(Mintzberg, et 1998)。Mintzberg, Henry and J. B. Quinn (1992), “Five Ps or Strategy” in The Strategy Process, Prentice-Hall International Editions, Englewwod Cliffs NJ: pp:12-19. 需要说明的是,教科书通常倾向于把战略定义为一种计划或者谋划。

是这样，正如丹尼尔·A·雷恩所云："战略管理的定义就像这方面的著作一样多，在这些观念中，共同的术语是目标、战略、计划、政策及资源分配。"[19]按照安索夫的说法，战略管理是指对企业战略的管理，包括战略制定/形成（Strategy Formulation/Formation）与战略实施（Strategy Implementation）两个部分，是企业的日常业务决策同长期计划决策相结合而形成的一系列经营管理活动。[20]

战略管理理论自从诞生以来就处于动态发展中。战略管理的三部开创性著作为钱德勒（A. D. Chandler, Jr. 1962）的《战略与结构》，安索夫（H. I. Ansoff, 1965）的《公司战略》以及安德鲁斯（K. R. Andrews, 1965）的《商业政策：原理与案例》。[21]20世纪60年代，战略规划理论盛行，战略规划与长期规划在战略领域里扮演着重要角色，这时的战略规划主要在业务战略层次，而忽视企业外部环境的作用；20世纪70年代，由于理论与实践的巨大反差，战略管理理论研究走向实证研究，把环境的不确定因素作为战略研究的重点，从而环境适应理论盛行；20世纪80年代，产业组织理论与通用战略研究盛行，主要集中在市场结构与经营业绩关系研究、通用战略与竞争优势研究和战略过程与动态战略研究；20世纪90年代，资源基础理论与核心能力说流行，主要集中于资源基础理论研究、核心能力研究、战略创新研究和归核化研究。[22]

进入21世纪以来，企业界和学术界越来越多地关注企业的战略实施，战略管理研究从注重理论研究转变为注重研究战略管理的实施。各种有关战略执行的书籍盛行，各种执行力培训机构应运而生，各种真书和伪书层出不穷，一些不法出版商雇佣枪手假借国外名家、大师之名气和各种重要媒体的权威及名家之推荐大量出版有关执行方面的书籍，可见业界对执行书籍的渴望，同时也说明有关企业战略执行方面的著作之匮乏①。战略管理诞生至今已经有40多年的历史，中国的企业界和学术界重视战略管理至多也是20年左右的历史。战略思想运用于商业领域始于20世纪60年代，并与达尔文"物竞天择"的生物进化思想共同成为战略管理学科的两大思想源流。国外的战略管理历史尽管不长，但是文献资料却是浩如烟海，百家争鸣，形成"战略管理理论丛林"。[23]

管理创新实践往往先于理论，战略管理理论创新主要来自美国，在企业战略领

---

① 费拉尔·凯普《没有任何借口》和保罗·托马斯的有关执行力的七本书《执行力》《执行力Ⅱ》《执行力——战略流程》《执行力——人员流程》《执行力——运营流程》《公司运营》《战略管理》《成长力——持续获利的10大策略》和约翰·拉尔森的《管理圣经》等号称都是国外顶尖管理大师的杰作，被新闻出版总署查证为伪书，由此可见中国业界对战略实施的理论的渴望程度。参见《人民日报》（2005年02月25日第十一版）。

域，美国学者在理论创新方面起主导作用，战略管理理论往往是由美国向国外传播的。[24]《战略历程——纵览战略管理学派》剖析了战略管理的十大流派：设计学派、计划学派、定位学派、企业家学派、认识学派、学习学派、权利学派、文化学派、环境学派和结构学派，从不同角度或层次阐述了战略形成的客观规律，共同构成了战略管理理论体系，对战略管理理论作出了贡献，[25]是西方对战略管理思想最完整也是流传最为广泛的著作。中国流传最为广泛的战略管理著作当数周三多和邹统钎的《战略管理思想史》，该书系统介绍了国内外的战略管理理论与战略学家的学术观念，是目前国内最为权威的战略管理类的著作。[26]

战略管理研究一般包括战略层次、战略内容和战略过程三方面内容。根据战略管理研究不同的着眼点，企业战略可以分为公司战略(Corporate Strategy)和业务战略(Competitive Strategy)两个层次(Michael E. Porter，1987)。[27]前者旨在获取并保持公司优势(Corporate Advantage)，后者旨在获取并保持竞争优势(Competitive Advantage)，也就是狭义上的竞争战略①。公司战略的概念首先由安索夫提出，主要关注两个问题：第一，公司经营什么业务；第二，公司总部(Headquarter-HQ)应如何管理多个业务单位(SBU)来创造企业价值(Porter，1987)。[28]业务战略(Business Strategy)，起源于 Andrews 的论述，主要关注企业经营的各个业务如何获取竞争优势的问题。[29]战略内容研究的是企业的战略选择及其业绩之间的关系，主要理论基础是产业组织经济学(Industrial Organization Economics，简称 IO 经济学)。战略过程研究的是战略如何形成并得以实施的问题，著名的是明茨伯格(Henry Mintzberg)的战略管理十大流派以及战略十大流派分野。[30]目前，伴随着战略实施的逐渐深入，战略的十大流派已经开始融合，战略演进和战略变革日益重要，与战略制定相比，对战略实施的研究已经受到越来越多的重视。

“绩效”是企业战略管理的出发点和最终归宿。企业战略实施是个系统而又复杂的过程，学界一直普遍存在一种重视战略管理的理论研究，而忽视企业战略管理的实践研究的现象，从而加剧了由管理领域早已存在的“理论无用论”致使的战略

---

① 需要说明的是，教科书中通常把企业战略分为三个层次：公司战略、竞争战略和职能战略(Functional Strategy)。如：(美)谭劲松，张阳. 战略管理[M]. 北京：中国水利电力出版社，1999：65. 职能战略是公司战略与竞争战略在企业各职能领域的体现，是连接战略与企业职能活动的桥梁。由于职能战略通常是短期的、局部的，因而称为策略更加准确。职能策略主要包括市场营销策略、财务管理策略、人力资源策略、企业文化策略、生产制造策略等。因此，职能策略是企业战略不可分割的一个层次，但不应该属于战略管理学科的范畴。在学术界，职能策略的内容通常由工商管理的职能学科研究；在企业界，职能策略通常由企业的职能部门参与制定并负责实施。这其实也反映了战略管理综合集成的学科特点。

管理理论与战略管理经验的紧张关系。[31]正如丹尼尔·雷恩所云，“战略管理的内容大大受到前人的影响，即战略阐释，而战略实施却常常被忽略”，“要更为接近一般管理理论并对其作出贡献，对有关战略管理的论述还需要更加强调实施”。[32]企业战略实施的实质是以企业家为首的管理团队与处于动态变化状态的企业环境的相互博弈过程。在博弈过程中，企业家处于战略实施的核心地位，企业战略要得以有效实施，离不开战略资源的有效匹配，而企业家就是匹配资源的首席执行官，在战略同质化日趋严重的中国，战略的实施离不开企业的核心竞争力，企业家已经由人力资本过渡到社会资本，继而过渡到政治资本阶段，[33]人力资本过渡到同质型和异质型的人力资本阶段[34]。企业家这些特质是一般企业经营者难以复制和模仿的，从某种程度上说企业家就是企业的核心能力。企业战略的实施离不开企业的执行力，打造企业的执行力必须从企业战略实施的三个核心流程——人员流程、战略流程、运营流程做起。

高水平的战略执行力依赖于企业家和全体职工在实施战略管理中卓越的行为表现，企业家作为企业执行力团队的首席执行官，也是企业执行力的动力源泉。由于企业的既定战略的线性分布特点，企业所处的环境呈非线性特点，[35]在实施企业战略的过程中必须对既定战略进行适时更新，而对战略调整关键点的把握离不开企业家的正确决策。成功的战略实施离不开优秀的企业文化，而优秀的企业文化形成的核心人物正是作为企业首席执行官的企业家，企业必须建设战略执行型的企业文化。[36]为了防止战略实施的“内部人控制”现象的出现，[37][38]必须建构企业家激励和约束机制。学界通过研究发现，良好的战略过程可以形成企业的持续竞争优势。

战略管理发展至今，关于战略实施的研究，仅仅是强调组织结构适应性等一般性实施准备工作，所以学界称之为战略管理理论缺失的一环。哈佛商学院的著名教授波特在《竞争战略》和《竞争优势》中，也只是强调“战略的本质在于行动”“战略中作出有所为的选择和有所不为的选择同样重要”[39]和“战略适应性创造竞争优势及持续能力”[40]，却没有在理论中进一步说明企业如何进行战略实施，如何才能保证“战略适应性”以及如何行动。结合企业战略的特点，特别是战略实施管理的特殊性，可以从西方古典管理理论和现代管理理论中去寻求实践的理论基础。管理过程理论的创始人法约尔所倡导的及时控制思想，普拉哈拉得和哈默尔的核心能力理论，以及彼约·圣吉所提倡的学习型组织思想，都对企业战略实施管理有重要的指导意义。其中令人遗憾的是这些理论是互相独立的，有必要提出一种框架，将这些理论统一在一个系统之中来指导实践。建立企业的一套科学有效的实施系统，就可以大大减少企业战略本身的缺陷和来自外部环境的威胁，充分调动企业内部的战略资源，把握市场稍纵即逝的机会，向企业战略愿景迈进，直至实现企业事先制定的战略。因此，笔者提出建立基于企业家的战略实施范式。

自战略管理诞生以来，钱德勒（A. D. Chandler, Jr. 1962）的《战略与结构》分析了美国大企业的管理人员如何确定企业的成长方向以确保战略的贯彻实施，指出企业管理的变化是战略方向的改变。[41]安德鲁斯区分了战略制定和实施，把战略制定看成是“分析性的”，战略实施是“管理性的”。[42]可是，由于战略规划没有充分考虑环境变化对战略实施的影响，既定战略的实施就成为林德布罗姆所谓的“摸着石头过河”（Muddling Through），是个不断试错的过程。[43]这时候，战略实施注重对不确定性的研究，管理企业的不确定性成为企业的核心能力。早在20世纪70年代，哈佛研究战略实施的一些学者开始研究市场结构对企业的绩效的影响，如PIMS（Profit Impact of Marketing Strategy）研究企业战略与利润之间的关系；而SWOT可以帮助找出成功与失败的关键因素，成为企业的战略制定和实施的工具，通过对企业的资源与能力分析，指出企业的优势和劣势，通过对环境的分析，指出企业的机遇与威胁。[44]波士顿矩阵（Boston Consulting Group Matrix）又称增长/份额矩阵（growth/share matrix）成为目前战略分析使用最为广泛的分析工具。尽管后来有许多对波士顿矩阵进行批判或改进的分析工具，如SPACE矩阵，但也是与波士顿矩阵相类似的匹配方法。[45]对战略实施与企业绩效的研究也是始于此时，企业的成长战略、组织形式与经营业绩的关系与企业多元化分类，组织结构对经营业绩的影响成为战略管理理论研究的重点。对于竞争对手来说，好战略必然导致好的经营业绩成为业界共识。20世纪80年代，波特提出竞争战略理论学说，提出五种竞争力量决定某一行业的吸引力，其中成本领先、差异化与专业化成为实施企业克敌制胜的通用战略。[46]这时，一些学者认为战略的实施能力同样是重要的竞争优势来源。麦肯锡公司首次提出的战略实施与组织发展的7S构架，说明了战略成功实施和组织实现变革必需的要素，即既要考虑企业的战略、结构和体制三个“硬”因素，又要考虑作风、人员、技能和共同的价值观四个“软”因素，只有在这7个因素相互很好地沟通和协调的情况下，企业战略实施才能够获得成功①。越来越多的学者认为持续竞争优势依赖于组织的学习能力，任何一种战略过程或战略能力难以形成企业的持久竞争优势，战略实施必须进行适时调整。

---

① 7S是：战略（Strategy）、技能（Skill）、共享价值观（Shared value）、结构（Structure）、系统体制（System）、员工（Staff）、风格（Style）。McKinsey & Company (1986), The 7S Framework, Company Publication.

战略调整是一项复杂的系统工程，需要有效的组织与领导，企业家首当其冲要履行这份职责，战略调整的方式一般可以分为渐进式和激进式两种。美国著名的战略管理学家迈克尔·波特(Porter，1996)认为，“战略的本质是选择和转换，[47]战略成功的本质是战略适应性，而恰恰只有通过战略调整才能体现战略的本质和战略成功的本质”。[48]因此，战略调整不应该仅仅贯穿战略实施的所有环节，而应该是战略实施过程的管理核心，同时，企业成长的过程也是企业战略不断变革的过程。随着我国市场经济体制改革的逐步深入和市场化程度的不断提高，尤其是加入WTO后所带来的竞争规则的国际标准化，国内企业的战略实施的逻辑正逐渐从“机会主义型”和“关系主义型”转变为“市场主义型”和“公平主义型”，战略实施在企业成长中的地位日显重要。可以这么说，一个不重视、不精通战略实施的企业是难以成长的，战略调整作为战略实施的管理核心，更应该引起国内企业的重视。更何况国内企业所处环境的不确定性越来越强，因此对战略调整的要求也日益提高。

由于企业家及高层管理者享有对战略调整的领导权，所以他们就成为研究的焦点。Prahalad & Doz (1987)通过研究20世纪70至80年代的跨国企业的战略问题，认为高层管理者的最主要任务是管理战略调整。[49] Gioia & Chittipeddi (1991)曾建立了一个用来理解战略调整的开始阶段的不同特征的新框架，说明企业家及其高层管理者或团队的活动是战略调整的发起过程有效性的关键。

Eisenhardt & Brown (1998) 提出了在激烈变革与充满不确定性的环境下指导战略调整的“边缘竞争”理论，他们对企业的高级管理人员、业务部门和职能部门的管理人员和负责管理多个业务部门和多条产品线的业务整合人员的职能作了总结和归纳，认为战略调整需要这些人员的协作。[50] Floyd & Lane (2000) 从社会交流和角色的角度，定义战略调整的子集的战略再生，强调高、中、低三层经理人员在战略实施的过程中必须沟通和合作。[51] Volberda et al. (2001) 根据高级管理层和中低级管理层对待战略再生的积极和消极的态度，把它分为四种情形，强调每种情形的成功管理都需要各层级管理者的合作。[52]因此，企业必须培育和发展战略学习机制，增强既定战略和战略调整的战略弹性，即企业改变战略的能力。作为战略调整的核心人物的企业家必须具有企业家能力——战略思维能力和战略行动能力。[53]战略调整的主要障碍是企业组织结构的转型、企业资源配置方式的重组、企业内外部利益格局的调整、企业核心竞争力的培育和更新，勿庸置疑，成功的战略调整也就是成功地排除此过程中的障碍的过程。

受组织的“路径依赖”和“经济人”假设的“有限理性”与“机会主义”的影响，战略调整的障碍复杂多变，成功的战略调整要以有效克服战略调整障碍为前提。值得注意的是，企业高层管理者的战略能力对战略调整的成败具有举足轻重的作用。构成企业家战略能力的主要内容是基于企业家知识的战略思维能力和战略行动能力。我国企业的高层管理者要充分重视、培养和提高这种能力，实现经理能力向企业家能力的转型，并不断提高企业家素质，在推动企业战略实施的同时也实现企业家自身的成长模式升级。

随着企业经营环境全球化，企业之间的竞争越来越激烈。世界统一市场的形成使得企业产品生命周期大为缩短，利益相关者需求日益个性化和差异化，战略实施的有效性日趋明显，时间与速度逐渐成为企业的竞争砝码。平衡计分卡(BSC)从财务、利益相关者、内部流程和学习与成长的指标来衡量战略和实施绩效，它既是一种战略执行工具，又是一种企业业绩管理工具。[54]企业的战略实施没有通用战略，企业竞争优势来源于企业组织的资源与战略实施的卓越能力。随着经济全球化、技术信息化与知识经济时代的到来，战略创新成为必然，诸如大规模定制、虚拟组织、归核化、竞合等战略理论纷纷出现。

20世纪80年代，中国的战略管理研究进入繁荣时期，对于如何实施企业的战略，国内许多专家各抒己见。中国企业也进入战略管理时代，中国企业商战更多的是运用传统的谋略和战术[55]。孙子的战略思想和毛泽东的一些军事战略思想成为实业界进行企业管理的利器。

清华大学刘冀生提出战略实施的适度合理性的原则、统一领导、统一指挥的原则与权变原则，[56]并提出战略实施的指挥型、变革型、合作型、文化型和增长型五种模式。[57]五种模式都突出了作为企业首席执行官的企业家的核心作用。实际上，在企业的战略实施过程中，五种模式往往是交叉或交错使用的。芮明杰是推行战略管理理论本土化的学者之一，提出了企业寿命和产品寿命的关系理论，界定了企业的可持续发展理论。[58]项宝华对战略管理理论进行了独立思考，提出“三问题”、“三假设”和“三出路”，并创造出许多战略实施的口诀，创立了自己的理论体系。[59]蓝海林(2001)提出建立“世界级企业”而不是“世界五百强企业”，[60]对于中国企业的成长起到了警醒作用。康荣平是从事战略管理实证案例研究的著名学者，其战略管理理论大多建立在案例实证的基础上，是战略理论本土化的典范，提出了“企业战略地图”“企业多元化程度与市场发达程度呈反比关系”“大数法则”和“多元化成功法则”，诠释了“归核化”。[61][62][63]

综上，中国国内的战略管理理论相对较少，大多数是国外战略思想的解说和演绎，真正原创性的具有中国特色的战略思想并不多见，具有一定特色和独到见解的专著更是凤毛麟角。[64][65]企业战略实施的管理理论已经成为战略管理的重要理论。对中国企业战略实施行为进行研究，探讨并建构适合转型时期中国的企业战略实施的应用模式，有助于解决我国企业战略管理存在的实际问题，有助于找到提高战略管理水平的方法和战略实施的路径，有助于提高我国企业的持续竞争力，从而打造世界级企业。因此，笔者选择基于企业家的战略实施研究作为博士论文的选题，意图寻求本土化战略管理理论，这也正是笔者的写作动机所在。

1.2.2 企业家理论研究综述

(1) 国外相关企业家理论述评

国外企业家的研究理论分为企业家动态研究理论和企业家静态研究理论两个方面(如图 1-1)，西方对企业家研究理论可以分为主流经济学家学派和非主流经济学家学派。主流经济学家们的研究把企业家完全排除在经济理论体系和研究之外。正如鲍莫尔所指出的："近年来，尽管企业家作用的重要性越来越明显，并不断被人们所认识，但事实上，企业家的形象却从经济理论文献中消失了。"[66]

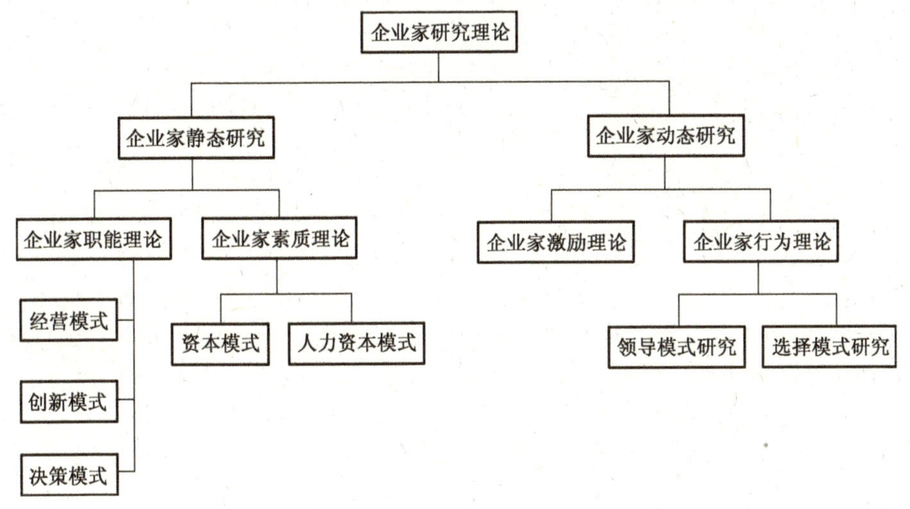

图 1-1 企业家研究理论模式

资料来源：刘新民. 企业家理论研究的意义与分类综述[J]. 山东科技大学学报(社会科学版)，2004(3)：26-31.

另一派是非主流经济学家的研究，他们赋予企业家不同的角色，构建自己的理论体系，最先发起了对新古典企业理论的挑战。1942 年，熊彼特在其著作《资本主义、社会主义与民主主义》中，大量使用企业家一词，并以其自身的企业家理论为基础，构筑了经济发展理论，[67]他对企业家的论述最引人注目。

“企业家”一词在16世纪早期出现于法语词汇“Entrepreneur”，是指用于领导军事远征军（武装探险、开拓殖民地冒险）的人，后来泛指从事冒险活动的人。在经济学领域，“企业家”的一般概念最早出现于理查德·康替龙（Richard Cantillon, 1755）所著的《商业概况》一书中。康替龙认为凡是按不固定性价格从事买卖交易活动的人都是企业家，并由此把“Entrepreneur”定义为一个参与经济活动的主体，将具有不确定结果活动的工作过程称为“Entrepreneurship”。[68]但是，企业家的确切含义为某项事业的实施者。[69]萨伊（J. B. Say, 1803）开创性地给企业家下了一个定义，在其《政治经济学问答录》中写道，“把经济资源从生产率较低、产量较小的领域转到生产率较高、产量较大的领域的人，便是企业家”；[70]并且萨伊（Say, 1803）最早赋予企业家突出的重要性，“作为生产过程的中心枢纽，企业家收集信息、制定决策，着重发挥其对人、财、物、产、供、销的协调作用”。[71]可见，萨伊从企业生产中劳动力职能作用的角度对企业家进行了解释，但他忽视了企业家在企业交易过程中的作用。继萨伊之后，约翰·斯图亚特·穆勒（J. S. Mill, 1848）在英国推广了“企业家”这一术语。马歇尔（A. Marshall, 1890）在《经济学原理》一书中重新将企业家纳入经济学视野，并且较为全面地从企业组织的领导者、协调者、中间商、创新者到风险的承担者等方面阐释了企业家的涵义。[72]

1）从企业家的资本说到异质型人力资本特质

虽然人力资本概念兴起于20世纪50年代末60年代初，但人力资本的思想却早已有之。第一个明确将人力看作资本的是亚当·斯密（Smith, Adam, 1980），他在《国富论》中区分了四种固定资本，其中第四种就是由“一个社会全体居民或成员所具有的有用的能力”所构成。卡尔·马克思称企业家是经济和技术变化的原动力，企业家的特质是人格化的资本；或者说，企业家是一定资本的所有者，准确指出了企业家是一定“财产”的所有者。在马克思的著作里，只有一处使用过“企业家”一词，更多的是使用“企业主”“产业资本家”“经理”等词，在这些研究里，马克思所强调的都是作为资本家的企业家是资本的人格化。[73]

新古典经济学鼻祖马歇尔（A. Marshall, 1919, 1920）在1919年的《工业与贸易》和1920年的《工业经济学》中对企业家人力资本特质进行了研究，得出了“企业家是特定要素禀赋——人力资本的所有者”。这个结论大大深化了古典经济学对企业家内涵的界定，即从资本思想深化到人力资本思想；同时，明确指出了人力资本的基本特性是报酬递增。马歇尔偏重于详尽的经验分析而不是理论结构的升华。后来，马歇尔（A. Marshall, 1890）在其名著《经济学原理》中，对企业家的作用进行了更为系统的描述。他认为企业家是组织和管理工商企业并承担风险的人，是凭借创新力、洞察力和统率力发现和消除市场不均衡性，并创造交易机会和效用，给生产指出方向，使生产要素组织化的人。[74]

20世纪60年代，西奥多·舒尔茨(Schultz, Theodore W.)明确地提出了人力资本的概念，即人力资本是指凝结于劳动者身上，通过投资费用转化而来，表现为劳动者技能和技巧的资本。其代表作《论人力资本投资》系统、深刻地论述了人力资本理论，开创了人力资本研究的新领域。

实践的发展需要新的理论，建立在人力资源理论基础上的社会资本理论应运而生，深化了舒尔茨的人力资本研究。普特南认为，社会资本是指社会组织的那些可通过促进协调行动而提高社会效能的特征，比如信任、规范及网络。[75]科尔曼认为，就像其他形式的资本一样，社会资本是生产性的，这使得达成原本没有社会资本就不可能达到的特定目标成为可能。[76]

2) 企业家的创新特质

第一个赋予企业家深刻涵义的应当是熊彼特。熊彼特((J. A. Schumpeter, 1912) 在《经济发展理论》一书中，明确提出了企业家即创新者的观点，并在其后来的著作中对此进行了拓展和应用。理论的主要内容是：市场均衡是一种常见现象；为了追求利润，企业家应该"创造性地破坏"以"实现生产要素的重新组合"，并借此打破市场的均衡状态；在"创造性地破坏"之后，市场上众多的追随者和模仿者会接踵而至，参与竞争，获得利润的机会会逐渐减少，市场渐渐回到均衡。[77]由此可见，企业家是打破市场均衡并重新组合的创造性的破坏者，他的作用体现在这种"创造性地破坏"及促使新的生产函数的出现上。熊彼特认为企业家是创新的承担者和组织者，是创新的主体；企业家的创新活动是经济发展的主要动因。[78]熊彼特还指出了企业家创新同发明者创新的差异：发明者的创新只是一种发现，企业家的创新"主要不在于发明某些东西或创造出企业得以开发利用的某些条件，而在于把事情付诸实行"。[79]企业家的这种创造性工作，是企业利润的主要源泉。企业家能力具有稀缺性，能力越强，稀缺性越高。企业家从事"创造性地破坏"工作的动机在于：建设私人王国；对胜利的热情；创造的喜悦与企业家报酬的性质。熊彼特的企业家理论论述了企业家的创新功能、企业家的动机和企业家作用等问题，这些论述对后人进行这一领域的研究具有重要的启迪意义。但是他的企业家理论也存在着明显的不足：①认为企业风险由资本家完全承担，企业家与企业风险无关，这显然与现实情况不完全吻合。②缺乏对企业家利润的分析。他认为企业家的创新活动以企业家利润为回报，但是企业家利润如何计量却是一个问题，例如在团队生产中，这种计量几乎是不可能的，只能通过相应的制度安排加以解决。③对企业家动机的分析是不全面的。他认为企业家从事创新活动的动机在于建立私人王国、对胜利的热情和创造的喜悦等精神因素，显然这种认识具有片面性。对企业家功能的发挥只侧重于从个人功绩的角度来考察，没有涉及到企业家在组织中所起的作用。事实上，企业家作用只有借助于一定的组织，利用组织的力量才能得到充分的发挥。

德鲁克从一个更高的层面上论述了企业家精神的重要性。德鲁克认为创新就是改变资源的产出或改变资源给予消费者的价值和满足。[80]创新是企业家精神的特殊手段。德鲁克把创新与企业家精神定义为一种实践过程，并认为是企业需要加以组织、系统化的实务与训练，这也是管理者的工作与责任。德鲁克提出七个创新机会的来源作为系统化创新及创业型管理的重心。[81]

德鲁克对企业家创新问题有许多精辟的论述。①成功创新者不是“专致于冒险”，而是“专致于机遇”。②大企业比小企业更具有创新意识和创新能力。③企业创新的障碍是企业经营上的成功。规模不是创新与企业家精神的障碍，真正的障碍是现有企业本身的经营，特别是已经成功的企业运作。④企业家精神是后天的。⑤企业要创新，必须创建具有企业家精神的组织结构。⑥企业要持续创新，就必须将企业家精神扩散到整个组织及其制度、惯例中，否则，企业的创新和企业家精神就会萎缩。[82]德鲁克从管理学的角度对创新和企业家精神问题进行了相对系统的分析，并把企业创新问题上升到经济和社会的层面上研究，这对企业家在创新实践中分析创新的社会背景，把握企业创新的发展方向有着十分重要的现实意义。[83]德鲁克对企业家创新与企业家精神的充满睿智的分析与论述对构建企业战略实施的分析框架具有十分重要的指导作用。

3）企业家的决策特质

对企业家决策特质进行研究的代表人物是奈特、哈耶克、柯斯纳和西蒙，他们的研究认为企业家是决策者。

1921年，奈特提出了企业家是不确定性决策者的观点，并开创性地对风险和不确定性进行了区分。面对不确定性，企业管理者无能为力，只有企业家才能够承担不确定性决策的职责。在不确定性世界中，企业家的首要职能是“决定干什么，以及如何去干”。决策正确，企业家得到剩余或纯利润；决策失败，企业家承担相应的责任和损失。[84]奈特从企业的交易性角度区分了风险与不确定性，进而说明企业家的内在规定性，显示其独到的一面，但他却忽视了企业家的生产作用，且没有给企业家一个明确的定义。

哈耶克和柯斯纳强调了企业家在获取和使用信息方面的作用，认为企业家是决策者和“经济时机的发现者”，“企业家对利润机会的敏感反应，使得他在市场过程中起着关键性的作用”。[85]

西蒙(Simon，H. 1976)提出“管理就是决策，决策是高层管理人员的事并贯穿整个管理过程”，“决策分为程序性决策与非程序性决策”等。[86]

4) 企业家的交易特质

科斯从与古典经济学家不同的角度，论述了企业家在企业产生中的作用。科斯阐明了企业的产生：“当通过一个组织(企业)，让某个权威(企业家)支配生产要素，能够以较之市场交易更低的成本实现同样的交易时，企业就产生了。”科斯同时论述了企业边界的存在和确定。[87]根据科斯的论述，我们可以从两个方面来理解企业家在企业中的作用。第一，企业组织作为市场价格机制的替代物，是以企业家的指挥组织成本低于市场交易成本为前提的；第二，有限理性的企业家的指挥、组织能力决定着企业的边界。在笔者看来，企业的边界也是企业家作用的边界。由此可见，企业家在降低交易费用方面发挥了巨大的作用，尽管这种作用受到企业家理性边界的限制。

詹森和麦克林(Jensen and Meckling，1976)对企业家居于企业组织中的核心地位进行系统阐述。他们认为，企业是若干个人之间的一组契约关系的联结点。这“一组契约”是在劳动所有者、物质投入和资本投入的提供者、产品的消费者相互之间建立的。在这个契约关系中，不是一对一的谈判，而是一对多的签约。因此，必须有一个中心“联系人”代表其他人与每一个人进行谈判和签约，这个人就是企业家。企业家作为中心签约人和合同履行的监督者，“以所谓‘决策’为特征，协调各投入要素，贯彻他们之间的合约”，从而实现组织的功能。[88]

以美国经济学家诺斯(North，1990)为代表的新经济史学家对企业家在经济制度变迁中的作用给予了充分的注意。他认为企业家在制度变迁中的作用在于运用自己的才能去发展，通过重新配置资源获取更多收益的机会，并通过组织去改变制度框架的规则或准则。[89]

20世纪50年代末，彭罗斯(Penrose，1959)在企业家内在规定性的探索上做出了重要贡献。他从企业组织的角度来考察企业家，从而明确地提出了把领导企业组织的内在的企业家形象与使生产活动适合市场环境的外在的企业家形象结合在一起的观点。他认为，企业家与他在企业中的地位、职务毫不相干，他是发挥“企业家服务”作用的人。彭罗斯关于企业家的含义很有见地，他从组织角度考察企业家，因而从一开始就抓住了企业家的本质，因为企业家只有与企业相联系时，才具有现实意义。他认为，企业家服务，“是为企业的利益而引进和接受新观念，尤其在其产品、企业地位和技术上的重要变化等方面，对企业的经营做出贡献；物色新的经营者，从根本上改革企业的管理组织：筹集资金，制订出发展计划，包括选择扩大发展的方法在内，为各项工作做出贡献”。[90]他用企业家服务来概括企业家在企业内、外的作用，实质上就是在讨论企业家在企业的生产和交易两个方面的作用。

20世纪70年代初，奥地利学派的柯兹纳(Kizner，1973)在其著作《竞争与企业家精神》中，承袭了马歇尔和康替龙的理论，从市场交易的角度来讨论企业家的。但是，他突出企业家敏锐的洞察力，把企业家界定为具有一般人所不能具有的、能够敏锐地发现市场获利机会的洞察力的人。企业家这种典型的“中间商”逐利行为使市场逐渐趋于平衡，从而成为市场的均衡器。[91]他从奥地利学派人类行为与市场过程的基本观点出发，丰富了企业家作为市场经济的“中间商”的形象。

美国经济学家莱宾斯坦在其所提出的X效率理论(Harvey Leibenstein，1966，1968，1978，1987)中指出，企业家的职责在于克服组织中的X低效率，企业家就是避免他人或他们所属的组织易于出现的低效率，从而取得成功的人。莱宾斯坦只把企业家当作是克服“X——低效率”的“填充空白者”和“投入补充者”，这仅仅看到了企业家职能的一个方面，事实上企业家不仅具有管理好企业、克服“X——低效率”的组织职能，还具有决策职能、领导职能、控制职能、创新职能、承担风险职能。[92]

卡森(Casson. Mark，1982)认为，企业家的功能是企业家判断(Entreprenurial Judgement)，企业家就是专为稀缺资源协调做出判断的人。在企业家功能上，除肯定熊彼特的“创新功能”外，还提出了套利功能和创造市场功能。企业家通过中介和内部化两种方式降低交易成本，改进交易制度，促使市场的形成。[93]后来卡森(Casson，1991)在其出版的《企业文化的经济学》一书中，利用博弈论方法研究了企业家的文化特点和个性问题。但自始至终，卡森的理论都只注重企业家在企业中的交易性，忽视了其生产性，也没有涉及企业家和企业经营者的区分。

总之，从对企业家的历史沿革与发展可以看出，企业家在不同的社会经济与历史发展时期有着不同的含义，它是属于经济学、管理学、心理学等诸学科共同研究的一种特定的概念范畴，企业家是个动态发展的概念。

(2) 中国企业家理论述评

中国企业家理论自改革开放特别是20世纪90年代以来得到了空前的重视，研究企业家理论的学者很多，但是他们的研究主要停留在借鉴西方研究结果来阐释中国企业家问题，在一般层次上结合中国实际的创新探讨还远远不够。其中具有代表性的有以张维迎(1995，1996)、杨瑞龙、周业安(1997)为代表的资本说；[94][95][96]以张胜荣(1995)为代表的创新模式[97]；周其仁和方竹兰的人力资本说[98][99]；丁栋虹(1999，2000)的企业家的异质型人力资本说；[100][101][102]方竹兰的企业家社会资本说。[103][104]通过这些文章，我们可以看出，中国学界对企业家的研究主要沿用了西方已有的理论模式，试图结合中国改革的实际对企业家相关学说加以发展和创新，但是缺乏从一般意义上对企业家内涵给予界定的理论探索，而且将企业家与经营者概念混同。

中国企业家的四种类型：产生于乡镇企业的乡镇企业家；产生于十一届三中全会以后，改革开放以来的私营企业家；产生于外资企业的中方管理人员中涌现的一批掌握现代企业管理才能的企业家；产生于在国有现代企业制度中的国有大、中型企业的现代企业家。[105]

综上所述，我们可以通过学界对战略实施与企业家的研究的演进历程对企业家的战略实施的理论进行学理总结。

首先，战略管理研究涉及众多学科，经济学、心理学、社会学、政治学仍将对战略管理研究产生巨大影响；此外，有些学科正在逐步渗透到战略管理领域，包括人类学、伦理学、复杂理论等。“战略管理是一门不成熟的学科，目前尚未形成统一的研究范式。”[106]但是，“战略管理受到高度重视”[107]，“从历史的角度看，战略管理是一般管理理论的新阶段”，[108]“在有关战略的论述中，实施往往被忽略了，而商业政策的艺术常常又远离了对战略科学性的追求”。[109]从企业家的概念看，由于研究视角的不同，不同的流派有不同的看法。基于这些分析，对企业家作定义，不应简单着眼于某一个狭义的视角。进一步地，企业家作为特殊群体，其企业家资格的取得应是一个动态的概念，而现有的多基于静态考虑的界定是不合理的。从企业家理论分析看，无论是“风险——企业家”理论、“不确定性——企业家”理论、“企业家——创新——经济发展”理论，还是“委托——代理”理论，它们在一定程度上揭示了企业家的经济学意义，但只反映了某一方面的经济学解释。如何系统完整地诠释企业家的经济学意义，仍是一个有待研究的课题。

从管理学层面看，企业家是通过不断学习使其技能提高到某一阙值后才演变而成的。企业家的成长是与其从事的企业管理活动不可分的。对企业家的研究，应与组织特征和企业战略联系起来。企业家的个性化的领导能力是企业成功的关键，企业家精神(entrepreneurship)就是用来形容个性化领导的具有超前意识的领导精神。以往的文献研究通常突出企业家的个性，企业家在战略制定中的任务是积极寻找机遇，权力集中在首席执行官手中，即权力属于能够使组织明确行动方向的企业家。企业家理论与企业发展是个动态适应的过程,但现有研究尚缺乏此方面的内在剖析。

本书在此仅仅是对企业家的战略实施范式做极为粗略和近似于罗列的描述,这是以前研究的一些基本问题的概述而已,将其中的任何一个问题深入下去,都必将是一种喜悦的体验和经历。而在写作本书期间,越来越多的学者开始关注企业的战略实施,这也说明这一选题在当下的重要意义。在综述的结尾,笔者借用国内研究企业家理论的著名学者丁栋虹的话语:"这是个需要企业家成长,而且企业家必定会获得历史性成长的时代,21 世纪必将是一个由企业家主导的世纪,这对于我们这个处在漫长的历史中企业家一直缺位、错位的中华民族来说,其意义是划时代的。"[110]

1.3 研究的方法和技术路线

1.3.1 研究方法

企业的战略管理作为管理学的分支,研究在方法论上必须坚持"问题导向",面对问题,分析问题,解决问题,并提出完善的理论和方法,即从问题中来到问题中去。在研究企业的战略制定和实施过程中,采用"古为今用、洋为中用、取长补短、异途同归"的方针,对待我国古代思想,如孙子兵法的许多军事方法可用来作为战略执行的战术;对待形成于美国的许多现代管理理论及方法,应当大胆吸收为己用,在此基础上创立具有中国特色的战略管理理论;要实现华夏文化与现代管理的融合,应当采取"取长补短"的方针,以达到"异途同归"的目的。[111]从方法论的意义上讲,本研究属于理论研究、规范研究和实证研究的结合,其中以理论研究为主,主要运用了以下研究方法:

(1) 历史研究法

战略实施的研究,必须建立在战略管理学科的历史演进的基础之上。战略管理是一门比较年轻的学科,目前尚未形成统一的研究范式。科学理论传承性的特点要求学科研究必须采用历史研究法。企业管理的理论研究的本质就是对企业过去的成功与失败经验的总结。战略管理作为企业理论发展的新阶段也不例外,并且业界对企业的管理也是建立在过去的实践经验之上。运用历史研究法研究企业家在经济和企业发展中的关键作用说明企业家的领导是企业战略实施有效性的必然选择。

（2）比较分析研究法

比较研究法开始引入管理学领域始于 20 世纪 50 年代，是运用比较分析的方法对中国企业的战略实施的不同阶段的实施主体和实施绩效进行比较，同时对中外企业战略实施的理论和实施的现状进行分析比较。企业家的参与度与企业的战略实施的绩效绩优化呈正相关关系，企业战略实施的现状、内涵及其内在规定性要求企业的战略实施必须建立在企业家的基础上。通过理论分析和案例实证分析来说明企业的战略实施必须采用基于企业家的战略实施范式。

（3）调查研究法

基于企业家的战略实施研究是建立在许多调查研究基础之上的。调查研究是运用科学的手段和方法，对企业战略实施的现状进行有目的、有系统的考察，搜集大量资料，并对这些资料进行认真分析和研究，以达到认识、掌握企业战略实施的组织结构及其战略要素之间的相互关系和战略实施的发展变化趋势。调查研究是基于企业家的战略实施研究的最基本的方法。企业家的企业战略实施研究必须建立在调查研究的基础上，按照所要研究的问题，确立调查对象，通过各种书面的或访谈的方法收集原始资料，然后进行整理、分析、归纳，找出所研究的问题的答案，作出符合实际的结论。

（4）系统分析法

战略实施是个系统的过程，必须建立基于企业家的战略实施范式。系统理论为基于企业家的战略实施的研究提供了新思路、新方法。系统论是把企业的战略实施作为完整的有机体，从整体的结构与功能上研究企业的战略实施。控制论从控制的角度去研究各种控制作用条件下，企业家领导下的企业战略实施的运作规律。信息论是从信息的获取、转换、传递、储存的过程来研究基于企业家的企业的战略实施的规律。运用系统理论研究企业的战略实施，企业的组织结构及其运作方式决定了企业家在企业的战略实施过程中的重要作用。必须加强对企业家的激励和对企业家领导的高层管理团队的结构优化，以保证企业的战略实施有效性的绩优化。对战略执行的管理必须通过信息反馈，才能实现战略实施的控制。要逐步建立一个收集、处理、研究企业家反馈信息的系统。企业家的企业战略实施的过程就像生命有机体，其运行机理与神经网络运行机理有着非常相似之处，是通过战略实施的领导、战略实施的控制系统、战略实施的激励和战略实施支持型执行文化和战略实施有效性的二次评估等战略实施路径来实现的。

1.3.2 研究的技术路线

论文研究的思路见图 1-2：

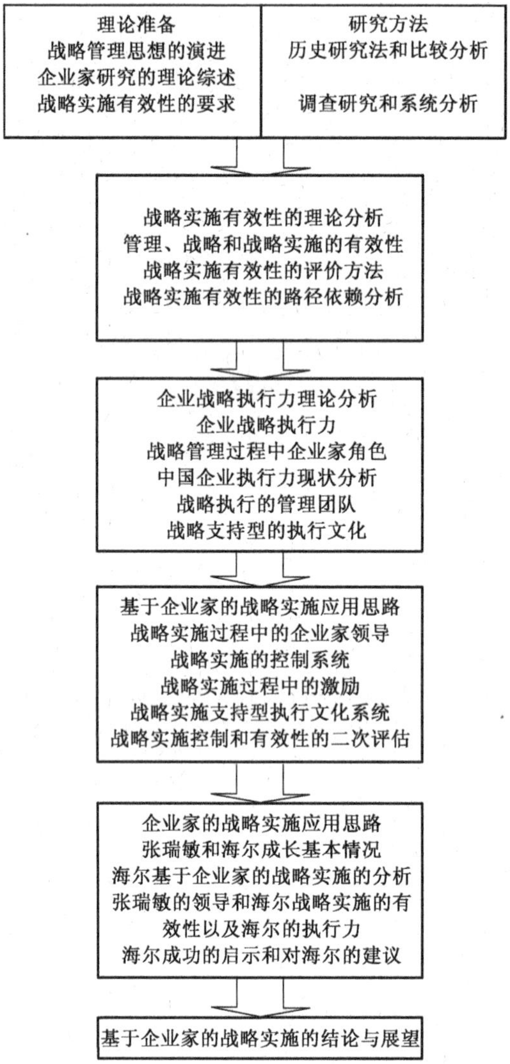

理论准备 战略管理思想的演进 企业家研究的理论综述 战略实施有效性的要求	研究方法 历史研究法和比较分析 调查研究和系统分析

↓

战略实施有效性的理论分析
管理、战略和战略实施的有效性
战略实施有效性的评价方法
战略实施有效性的路径依赖分析

↓

企业战略执行力理论分析
企业战略执行力
战略管理过程中企业家角色
中国企业执行力现状分析
战略执行的管理团队
战略支持型的执行文化

↓

基于企业家的战略实施应用思路
战略实施过程中的企业家领导
战略实施的控制系统
战略实施过程中的激励
战略实施支持型执行文化系统
战略实施控制和有效性的二次评估

↓

企业家的战略实施应用思路
张瑞敏和海尔成长基本情况
海尔基于企业家的战略实施的分析
张瑞敏的领导和海尔战略实施的有效性以及海尔的执行力
海尔成功的启示和对海尔的建议

↓

基于企业家的战略实施的结论与展望

图 1-2　论文研究的展开思路

1.4 研究的主要内容

本文研究的主要内容是企业家如何保证企业既定战略的顺利实现，同时保证企业的既定战略在战略实施过程中的有效性，实现企业的战略目标。解决这个问题需涉及诸多方面，是个非常庞大的工程，仅仅通过作者的一本书来说明是难以圆满解决的。因此，本书缩小了研究的范围，通过研究企业家及企业家在战略实施过程中的战略行为来对基于企业家的战略实施进行学理探讨。具体内容如下：

本文共分五个部分对基于企业家的战略实施进行理论分析：第一部分，通过对战略管理中的企业家的理论分析，界定企业的战略实施内涵和企业家的企业战略实施内涵，并对转型时期的企业家战略实施主导范式进行解读，同时提出本书研究的预设。第二部分，战略实施有效性的理论分析，通过对有效性的界定、战略实施有效性的评价方法和战略实施有效性的路径依赖进行理论分析，提出建立战略实施有效性的控制系统。第三部分，企业战略执行力的理论分析，通过对企业的战略执行力、战略管理过程中的企业家角色转变、战略执行的高层管理团队的理论分析，建立战略支持型的企业文化。第四部分，基于企业家的战略实施的构建，企业家的战略实施的构建必须解决五个问题：①企业家的领导；②战略实施的控制；③战略实施的激励；④战略实施支持型执行文化系统；⑤企业家的战略实施有效性的二次评估。第五部分，案例分析，从中国企业家的战略实施的企业出发，挑选出标杆企业海尔这个典型的企业家的战略实施的案例分析，说明海尔从一个濒临倒闭的街道小厂变为国际化、多元化的企业，说明企业家的战略实施是海尔企业战略成功实施的必然选择。

1.5 本书的创新点

(1) 针对学界和业界普遍存在的重理论而轻实践的现状，提出基于企业家的战略实施范式。基于企业家的战略实施路径依赖是企业家的政治资本与异质型人力资本。这种战略实施的范式在中国社会转型时期将存在相当长时间，企业家的战略实施范式的提出有其重要的理论和实践指导意义。

(2) 战略实施是个复杂的过程，企业家的胜任力和领导力是企业战略实施有效性的关键，企业家的胜任力和领导力在执行企业既定的战略的过程中表现为企业家的执行力。为了保证企业战略实施的有效性，必须加强对企业战略实施有效性的评价，同时建立战略实施有效性的控制系统。

(3) 企业战略实施有效性的路径依赖的是企业的执行力。企业家的领导、企业家领导的高层管理团队、战略支持型文化是企业战略执行力的重要组成部分。企业家必须注重企业执行力的人员流程、战略流程和营运流程的三个核心流程，提升企业组织的执行力，而企业强大的执行力是建立在执行力文化基础之上的，执行力文化是企业持续竞争的优势所在。

(4) 绩效既是战略管理的出发点，又是战略管理的归宿。企业战略实施必须建立科学的绩效考评制度。笔者提出二次相对效益方法测算基于企业家的战略实施的有效性，从而有利于战略实施的绩效管理的开展。加强企业家及其高层管理团队的激励，重视对中层管理团队的激励；提倡对利益相关者的激励，提高利益相关者对企业的认同感。

(5) 基于企业家战略实施的构建必须解决五个问题：①企业家的领导；②战略实施过程的控制；③战略实施过程的激励；④战略实施支持型执行文化系统；⑤战略实施有效性的二次评估。很好地解决五个问题，企业的战略实施才能顺利进行，企业战略的有效性才能得到可靠保证。

本章小结

通过分析基于企业家的战略实施研究问题的提出和研究的意义，回顾了企业家理论研究的模式和战略管理理论的研究综述，并对企业家的战略实施的理论加以评述；提出建立基于企业家的战略实施模式；提出研究的方法和技术路线；并概括了本书的主要创新点。

第二章　内涵界定和研究预设

本章引言

本章通过对基于企业家的战略实施的内涵界定和研究预设进行探讨，并对战略管理历程的企业家理论进行总结，揭示企业家在企业战略实施中的领导作用，企业家的职能决定了企业家是企业战略愿景和企业使命的缔造者；通过对企业战略实施的内涵界定和对企业家战略实施界定，揭示了基于企业家的战略实施是转型时期企业战略实施的主导范式，将存在相当长的一段时期。同时对本书研究的逻辑框架进行预设：企业家是企业战略实施的领导核心；有效性是企业战略实施的标准；执行力是企业战略实施的关键。而后预设基于企业家的战略实施研究框架的理论支撑。

2.1　战略管理中企业家的理论

2.1.1　战略历程的企业家理论

战略管理流派中，各个学派对企业家进行不同的诠释，更多地把企业家作为“战略家”看待，十分重视企业家的作用。战略实施过程中企业家处于核心地位。

设计学派认为要重视企业家的领导能力，认为战略形成深深植根于首席执行官的思想中，认为首席执行官是战略的“设计师”。但是设计学派对这种领导能力却不是盲目崇拜。事实上，设计学派通过强调战略形成对战略概念框架的依赖，以及通过淡化直觉的影响方式，特别注意避开领导能力中各种较为软弱、较为个性化和具有特性的成分。在复杂且不稳定的环境中，战略的贯彻与战略的制定之间是个有机过程。“战略的制定者”必须去贯彻战略，同时“战略的贯彻者”也必须制定战略。这是企业家进行战略制定高度个性化的方法。

计划学派把战略制定归结为战略家及其战略计划人员的工作，原则上是由首席执行官来负责整个战略进程，实际上战略实施由全体计划人员来负责。把战略制定和实施割裂开来，并且给出基本战略规划的模式即目标确定阶段、外部审查阶段、内部审查阶段、战略评价阶段、战略运用阶段。计划学派强调战略控制，实际上计划学派把战略制定过程看作程式化的过程。战略规划通常被简化为业绩控制的数字游戏，而这些数字游戏与战略几乎没有关系。这种观点一定程度上影响了企业战略实施有效性。

定位学派认为战略形成是个受控的、有意识的过程，在这个过程中，组织可以制定出全面的、深思熟虑的战略，并在这些战略实施之前将其明确地表现出来，注重通用战略的选择。首席执行官是主要的战略家，同计划人员一样在幕后起着很大的作用，并把计划人员提高到更加重要的层次。定位学派将其作用从战略制定降低为进行支持战略进程的战略分析，而认为战略制定是个静止的毫无新意的过程，实际上是错误的。

企业家学派把战略形成看作是一个可以预测的过程，其最核心的理念就是企业的战略远见产生于企业家的头脑中，是战略的思想表现。战略远见既是企业家的一种灵感，也是企业家对企业战略任务的直觉，是企业战略形成与实施的指导思想。企业家学派强调企业家某些与生俱来的心理状态和过程，如直觉、判断、智慧、经验和洞察力在战略执行与实施过程的重要作用。企业家战略既是深思熟虑的，又是随机应变的：在总体思路和战略方向上是深思熟虑的，在具体细节上是可以随机应变的，这样既定战略在实施过程中就可以适应各种推进路线，确保战略实施的有效性。

认知学派认为，战略形成是发生在战略家心里的过程，特别是作为战略初始概念形成时期，已存在战略的再造时期，以及由于认知偏执导致组织固守现存战略的时期，认识心理学在战略家特别感兴趣的问题。

学习学派认为，战略环境是复杂和难以预测的，战略的制定首先必须采用不断学习的过程形式，在这个过程中，战略的制定和实施的边界变得不可辨别。战略家必须学习，而且有时他可能是主要的学习者，更多的是领导者集体在学习，在多数企业中存在着许多潜在的战略家。领导者的作用不再是深思熟虑的战略，而是管理战略学习的过程。战略首先是作为过去的行为模式出现，只是在后来才可能成了未来的计划，并且最后变成了指导总体行为的观念。

权利学派认为政治因素是抵制战略变化的重要因素，在组织中起着非常重要的积极作用。权利和政治使战略形成具体化，无论是作为组织内部的过程，还是作为其外部环境中组织本身的行为，战略家往往运用政治手段对战略进行操纵，合作战略决策，使既定战略得到接受，从而实现企业的目标。

文化学派把战略形成过程看作是植根于社会文化力量的过程，文化学派积极关注文化在保持战略稳定性方面的作用：文化决定决策风格、可以阻止战略改变、克服对战略改变的阻碍、主导组织的价值观，是组织竞争核心能力。同时文化冲突是战略形成和实施的负面影响因素。战略家的个人价值观往往主导组织的价值观的形成过程。

环境学派认为将战略形成看作一个反应过程。成功的战略家和研究者都穷尽方法来了解和接近战略形成的外部环境，战略家除了行动别无选择，必须运用自己的战略思维和战略意识对战略选择进行把握。

结构学派把战略形成看作一个转变的过程。上面九个学派的内容都包含在结构学派里，战略的形成受组织结构的影响，同时组织的结构也影响战略的形成。战略的形成成果就是组织转变的过程。

综上，战略历程的各大流派在描述战略形成过程中都强调战略家（企业家）的作用，只是强调的程度不同，对基于企业家的战略实施来说具有重要的理论指导意义。

2.1.2　企业家职能理论

美国管理学者波奈玛针对战略实施的重要性曾说到："一个合适的战略如果没有有效的实施，会导致整个战略失败。但是有效的战略实施不仅可以保证一个合适的战略成功，而且还可以挽救一个不合适的战略或者减少它对企业造成的损害。"[112]企业战略实施离不开企业家的非凡领导，企业的战略实施也是企业家的职能之一。

亨利・明兹柏格（Henry，Mintzberg，1973）的《经理工作的性质》是最早的有关经理角色的经典著作。该书全面阐述了经理工作的特点、所担任的角色、经理工作的变化及经理职务的类型、提高经理工作效率的要点和经理工作的未来。[113] 1975年他在《哈佛商业评论》发表的论文《经理人的工作：传说与真相》，透过实地调查，分析了经理人实际工作的突出特点是以具体行动为目标，[114]这是企业家职能的最早的论述。战略过程学派中的企业家学派把战略形成看作是一个预测过程，理论基础是企业家卓越的战略远见。企业家战略既是深思熟虑的，又是随机应变的：在总体思路和方向上是深思熟虑的，在具体细节上则可以随机应变。[115]企业家起源于经济学，在新古典经济学理论中，企业家的地位十分突出。模式（Pattern)来源于明茨伯格对战略的五种解析(Mintzberg's 5 Ps for Strategy)。战略是一种模式,即长期行动的一致性。计划是“预期的战略”(Intended Strategy),而模式是“实现的战略”(Realised Strategy)[116],所以,笔者提出建立基于企业家的战略实施模式。

本文研究的企业家被定位在企业经营管理的最高决策者位置上,除了具有一般企业经营者所具有的同质型人力资本外,同时要求具备二维资本,即政治资本与异质型人力资本。所谓政治资本(Political Capital),是指个人在社会经济体制的权力结构中所据有的社会资源的总称,如职业、职位、身份、社会关系网络等因素的社会地位、政治概貌以及类似的家庭背景、某党群团体的成员资格、同政治人物之间具有稳定性的相互认可和持久的关系变量。这些要素在传统的政治体制中已充分结构化,成为个人所拥有的资本财产。所谓异质型人力资本(Idiosyncratic Human Capital),是指在某个特定历史阶段中具有边际报酬递增生产力形态的人力资本,企业家人力资本就是异质型人力资本。它所要求的企业家素质包括:意志力、创新力、领导力和市场敏感度等。人力资本的根本价值在于其边际报酬递增的基本属性。人力资本的边际报酬递增属性是个变数,而具有边际报酬递减生产力形态的人力资本称为同质型人力资本(Co-essential Human Capital)。一般的企业经营者就是属于此类。企业家的内在规定性如下:

(1) 企业家是拥有异质型人力资本的人。企业家区别于企业的一般经营者的显著特征是其异质型人力资本。自然资本和物质资本表现出一种较强的边际报酬递减趋势,而人力资本则表现出了一种较强的边际报酬递增趋势。人力资本的根本价值,在于其边际报酬递增的基本属性。人力资本的边际报酬递增属性是个变数,凡是在某个特定历史阶段中具有边际报酬递增生产力形态的人力资本称为异质型人力资本(Idiosyncratic Human Capital),企业家人力资本就是异质型人力资本。而具有边际报酬递减生产力形态的人力资本称为同质型人力资本(Co-essential Human Capital)。我们把一般经营者称为同质型人力资本。

(2) 企业家具有政治资本。企业家的政治资本是企业家与一般经营管理者相区别的又一显著特征。政治资本理论是建立在社会资本基础之上的,说明业界和学界对于公司政治和人际关系对国家经济与社会发展重要作用的重视,深化了舒尔茨在20世纪60年代创立的人力资本学说。就像其他资源形式的资本一样,政治资本的生产性和交易性特征是企业家比一般的企业经营者更易获取企业的难以模仿的政治(国家政策扶持)和物质资源(如资本)优势。

(3) 企业家的主要职能是制定并执行企业的发展战略。企业家必须一手抓企业的发展战略的制定，一手抓企业的战略实施。企业家的职能要求企业家为企业发展制定长期、中期和短期的发展战略。在制定和实施企业战略过程中，要协调短期战略与长期战略选择，不能因为企业的暂时利益而影响企业的长期发展战略。

基于上述讨论，我们对企业家给出这样一个定义：企业家是以经营企业为职业，通过利用自身异质型人力资本和政治资本，对企业生产性活动和交易性活动进行分析判断、综合决策、组织协调与学习创新活动并承担风险，最终实现企业长远发展和自身最大利益有效结合的人。要成为一名企业家，拥有异质型人力资本和社会资本是核心，参与企业经营是前提，个人利益与企业利益相融是基础，实现企业长远发展和自身利益最大化的有效结合为判别标准。

我们知道，企业家所依托的资本内涵在不同的历史时期、不同的体制背景下是不同的。计划经济体制下，这种资本既可表现为物质的，也可以是政治的，政治成份相对较多；在市场经济条件下表现为社会资本与人力资本，发展方向是政治资本与异质型人力资本的类型，异质型人力资本是企业家所赖以发展的方向。

企业家必须一手抓企业的战略制定，一手抓企业的战略执行，制定合理的企业战略与企业战略的执行相比，战略执行更为重要。企业家必须强调的是执行，这是一切有效战略的关键要素，而执行的要点是检查。执行成功的条件是首先要有一流的业务流程，它是创造竞争优势的基础，与每个员工的行为方式密切相关。因此塑造一流的业务流程的过程就是塑造一流的员工的行为方式和思维方式的过程，也是最为艰难的过程。其次，公司的战略要有从上到下的一致性和透明性，因此战略本身必须是简洁而明了的，否则就会导致矛盾的信息和行动的迟缓。第三点则是公司要有高绩效的文化。高绩效的企业文化是执行型的企业文化。

伟大的企业不是管理出来的，而是领导出来的。企业家必须身先士卒，亲自参与解决问题，并且经常在一线出现。但对于企业家来说，最关键的是具有追求成功的激情，这也是成功的 CEO 的共同特质，也是企业家异质型人力资本的真正体现。企业家不仅自己要具有执行企业战略的执行力，而且还得培养自己的管理团队与一线员工的执行力，打造执行型企业文化，努力提高企业整体的执行力。

2.1.3　企业家与企业战略愿景、使命

作为企业的领袖，企业家的个人愿景是他们不断奋斗的内心源动力，而且像指南针一样，牢牢地指向企业的愿景。当企业家把“个人愿景”在企业内化成与员工共享的“共同愿景”时，企业就有了灵魂。企业家作为企业的 CEO，不仅是企业的战略愿景的缔造者，也是企业战略使命的缔造者。企业家对企业战略愿景和战略

使命的制定对企业员工的战略行为起着导航作用，企业的战略愿景和战略目标最终把企业引导到既定战略所确定的道路上去，企业家作为企业的核心人物，是企业战略愿景和使命的灵魂人物。

企业家制定企业的战略愿景(Vision)。企业战略愿景是指企业长期的发展方向、目标、目的、自我设定的社会责任和义务，明确界定企业在未来市场环境里的轮廓，主要是通过描述企业对社会(也包括具体的经济领域)的影响力、贡献力、在市场或行业中的排位(如世界500强)、与企业利益相关者(客户、股东、员工、环境)之间的经济关系来表述。企业愿景主要考虑的是对企业有投入和产出等经济利益关系的群体产生激励、导向、投入作用，让直接对企业有资金投资的群体(股东)、有员工智慧和生命投入的群体、有环境资源投入的机构等产生长期的期望和现实的行动，让利益相关者通过企业使命的履行和实现感受到实现社会价值的同时，使自己的利益的发展得到保证和实现。企业家是企业战略愿景制定的核心人物，起着关键性的作用。

企业家制定企业的战略使命。战略使命是企业家在界定了企业战略愿景概念的基础上，对企业的愿景进行细化。企业战略使命主要考虑如何实现企业的既定战略，在一定时间内，采取何种战术达到企业既定战略。在实施企业的既定战略的过程中，企业家必须亲自参与企业战略实施的主要过程，建立战略实施的权变型组织，营造企业的执行型文化，提升企业的执行力。因此，企业家必须做到以下几点：

(1) 构造企业的战略愿景。塑造未来开始于对应该做什么和不应该做什么在企业家脑海中形成的愿景。愿景是对前景和发展方向的一个高度概括的描述，这种描述在情感上能激发企业员工的热情。提出和制定清晰的、具有创新精神的、睿智的愿景是企业家有效地进行领导的一个前提条件。愿景的提出和描述要求战略性地思考未来，对未来发展提出一个可行的概念，阐明目前的地位以及前进路线，指导管理决策，塑造战略轮廓，使所领导的组织进入一条所有管理者都做出郑重承诺的道路上去。为此，企业家需要分析所处的状态和所面临的不确定性，并在此基础上将愿景表述出来。分析所处的状态需要评估环境、资源和价值观，以便整理出当前需要注意的重大战略问题；分析不确定性需要预测可能出现的未来情形，并针对未来情形中不确定性的类别采取相应的战略态势和行动组合。愿景由核心理念和未来展望两部分组成。核心理念由核心价值观和核心目的构成，它是企业组织存在的根本原因，是组织的灵魂和凝聚力，是激励人们永远进取的永恒的东西。未来展望代表长期追求和努力争取的东西，它随着环境的改变而改变。通常，未来展望由未来10年到30年的远大目标和对目标的生动描述构成。远大目标必须用生动形象的语言加以描述，以便激起人们的热情，得到人们的认同，使之全身心地投入。

（2）运用企业家的战略眼光。企业家的战略眼光包括对企业的战略使命、边界、目标、战略四个方面内容的战略性思考。战略使命是组织机构在社会经济发展中所应担当的角色和责任，它比愿景更具体地表明了组织的性质和发展方向。精心开发、清楚表述使命，对战略成功来说至关重要。在企业界，战略使命是对企业的经营范围、市场目标等内容的概括描述，企业只有非常明白自己的经营领域和客户群才能把握住发展的大方向，才不至于误入自己不熟悉的领域，才能避免脱离自己的客户群。战略发展边界是对组织规模的预期和约束，许多人认为组织的规模越大越好，实际上并非如此。战略目标是在一些最重要的领域对使命的进一步具体、明确的阐释，是组织在完成基本使命过程中所追求的长期结果，战略目标要有具体的数量特征和时间限制。战略是达到终点的手段，这些终点即组织的愿景、使命、目的，它们是组织为取得某点或某一层次上的成功所做的事、所遵循的方向和所做的决策。企业家的战略眼光是企业既定战略得以成功的保证。

（3）制定企业的战略宣言。尽管愿景和使命为确立目标和战略宣言提供了有价值的开端，但从过去的经验中吸取教训仍然至关重要。既定的战略随着时间的推移需要通过学习和调整来不断地发展和改进，掌握这一点可以为将来制定新战略提供极有价值的基础。但未来绝不可能是过去的简单重复，在描述现在的位置和取得的成绩的同时，还应该对内部的优势和劣势、外部的机遇和挑战进行分析和概括，充分意识到竞争环境的各种变化，确定奋斗目标、竞争性战略和职能性战略，制订行动计划。当运用时间范围时，这些明确的目标和行动就构成了里程碑。但是，不论现在的战略和行动计划有多么成功，它们的有效生命也会结束。现有的战略可能需要及时更新，甚至是根本改变，因此需要不断地以里程碑为起点，评估、分析所处的位置和所取得的成绩。事业总是向未来迈进，企业家及其管理团队不可能从开始就预见到结局，但不能因此而缺乏清晰明朗的愿景和方向，也不意味着计划和目标都毫无价值，它只是更强调要有灵活性和警觉性。拟定的战略必须根据新的知识和经验加以调整，一定要迅速而及时地抓住机遇，与时俱进，迎接挑战，走向既定战略的成功。

（4）建构企业的共同愿景。企业家在制定了企业愿景之后的主要工作就是强化企业的战略愿景使其内化为企业员工的共同愿景。应当看到，大部分中国企业，无论是国有企业还是民营企业，文化根基仍然未稳，战略管理思想尚未成熟，中国本土企业需要的是更为明确的概念指导下的管理思想培育。愿景是战略与文化的交叉，并且首先体现于战略，愿景制定之后，战略将围绕愿景制定阶段战略指标体系、年度经营计划以及相辅相成的关键业绩考核系统。

愿景概括了企业的未来目标、使命及核心价值，是企业哲学中最核心的内容，是企业最终希望实现的图景。它就像灯塔一样，始终为企业指明前进的方向，指导着企业的经营策略、产品技术、薪酬体系，甚至商品的摆放等所有细节，是企业的灵魂。企业家必须把自己培养成愿景型的领导，在不确定性中把握确定性；在混乱中抓住规律；在无序中发现秩序；在发展中塑造未来；这是不确定性条件下愿景型领导的核心。只有在确定性和不确定性之间开拓出一条道路，企业家才能更好地与时俱进、引导变化，成功地走向所愿望的将来。在中国，企业家靠一两次投机把企业做大的时代已经一去不复返了。企业的发展需要凭借优化管理、控制流程，树立美好的东西来激励人、打动人，使大家迸发激情，共同努力，这离不开愿景。中国企业不是还没到谈愿景的时候，而是有没有“愿景”意识。企业面临全方位的竞争时，愿景不能落后。中国本土的企业和企业家们，要找到能够实现的愿景，透过愿景，要有可以具体化、能测量到的目标、策略。愿景是一群人共同相信的前方的目标，只有相信它一定能够实现，才能激励人。

2.2 企业战略实施的内涵

从20世纪60年代开始，欧美一些企业开始实行战略管理，企业进入了战略管理时代。战略管理已经成为企业在瞬息万变的市场竞争环境中立于不败之地的有效管理工具。制定战略势在必行，但如果制定的战略不能实施，那么战略制定对企业来说就没有任何价值。在环境日益复杂多变的今天，面对经济全球化和知识经济的严峻挑战，针对学术界和企业界一直存在重战略制定，而轻战略实施研究的现状，笔者认为有必要建立一个战略实施模式指导企业战略的实施，以确保战略方向正确，使企业向共同愿景迈进。为此，笔者提出：必须建立基于企业家的企业战略实施机制。

2.2.1 战略实施与战略执行

(1) 战略实施与战略执行

按照安索夫对战略管理的分类，战略管理包括战略制定和战略实施。战略制定固然重要，战略实施却是把战略变为现实的战略管理过程。自美国学者拉里·搏西迪(Larry Bossidy 2003)与拉姆·查兰(Ram Charan 2003)所著的《执行——

如何完成任务的学问》中文译本出版以来，中国国内掀起了一股“执行”风潮，企业界和学术界对“执行”与“执行力”的关注达到了难以复加的程度，2003 年也因此被称为“执行年”。这样，战略实施已经逐渐被“战略执行”所替代，从学理上讲，战略实施与战略执行是个词义相近的一对词。为了研究方便起见，本书对战略实施与战略执行不作严格区别。因此，笔者在第四章企业战略执行力的理论分析里就采用战略执行力的理论框架作为基于企业家的战略实施的理论支撑点之一，而不是战略实施的理论框架。

所谓战略执行就是如何把一个企业的战略规划转变成现实，或者说把企业的愿景变成现实。战略执行的核心流程是人员流程、战略流程、运营流程。而战略执行力就取代了战略实施力。所谓执行力就是将愿景战略或目标迅速转化为实际行动并取得正确结果的能力。执行力是企业整合资源的能力，是企业文化的核心元素，而领导者即企业家的执行力是企业组织执行力的基础。

(2) 战略实施的含义和特点

简单地说，战略实施是将战略构想转化为战略行动的过程。战略实施是一项系统工程，处理好战略资源匹配、战略计划细化、战术和策略的运用、有效的战略沟通以及战略调整与更新等多方面的工作是保证战略实施的关键。有效的战略制定虽然是战略实施的必要前提，却不能保证战略的成功实施。尽管战略实施与战略制定之间有着密切而复杂的关系，但却是两种完全不同的管理活动，两者间有着根本性的区别。

在表 2-1 中，对战略实施和战略制定进行了比较，由此可以看出战略实施过程的一些特点。

表 2-1 战略制定和战略实施的区别

战略制定	战略实施
重点关注企业的内、外部环境	重点关注企业的战略能力
注重效能特别是战略实施的可能性	注重效率即战略实施的有效性
主要是一种战略思维过程	主要是一种战略见诸于行动的过程
需要具有直觉与战略分析的能力	需要具有较高的执行力
一般只需要高层管理人员和咨询公司参与	必须是涉及战略实施整个团队的积极参与

随着从战略制定到战略实施的转变，战略管理工作从企业高层转移到中层管理部门和职能部门，战略管理的主体和客体也发生了变化。这种责任的转移会给

战略实施带来许多困难,尤其是在战略方案出乎中层和基层管理者的意料时更是如此。由于管理者和一线职工更多的是为可预期的个人收益而不是为企业利益所激励,除非这两者是一致的,否则,战略实施将变得很艰难。中国经常出现的"上有政策、下有对策",就是下级实施者的利益与战略要求不协调时的实施者的行为表现。所以,为了更好地实施战略,一方面要求企业创造机会让中层管理部门和职能部门以及基层的管理者尽可能多地参与战略制定活动;另一方面也要求企业家及其领导的高层管理团队尽可能多地参与到战略实施活动中来,为战略实施者创造一个更有利于按既定战略实施的环境。

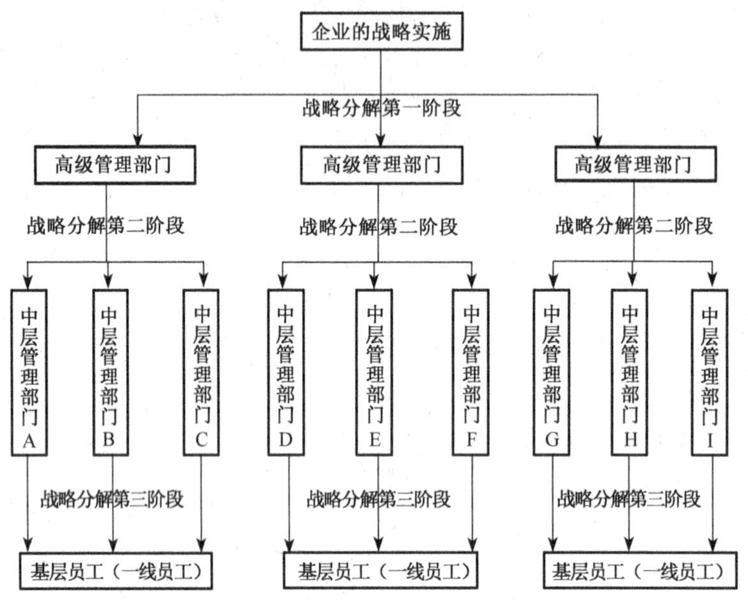

图 2-1 战略实施的三个阶段

由于企业在规模和经营范围方面存在差异,组织机构也千姿百态,导致战略管理的程序也不同。由于本书的研究对象是中国绩优大企业,企业都是由多个经营单位组成的,这种类型的企业中,企业总部是投资中心,经营单位是利润中心,工厂(或车间)是成本中心。战略实施从上到下,涉及到企业的高层管理部门经理、中层管理部门经理、一线员工。从组织结构来说可以简单分为三个阶段,如图 2-1 所示。

第一阶段,从企业级战略到经营单位级战略的分解。经营单位常常是利润中心,一般具有较大的经营自主权。从企业到经营单位的战略实施并不一定涉及到企业的所有经营单位，比如企业通过购并的方式实现企业经营的多元化战略，可能对原有的经营单位没有直接的影响。在这种情况下，战略实施主要停留在企业高层管理部门及职能部门完成的。

第二阶段，将经营单位战略分解到中层管理各部门。这一分解明确了各部门中层管理部门经理在战略实施中所应担负的职责。部门之间的协同是战略得以完成的必要条件，任何一个部门完不成任务，都会影响到战略目标的整体实现，其中包括战略目标分解、战略细分、策略制定、战术应用、战略实施的成本核算等一系列工作。

第三阶段，从中层经理开始向基层一线员工的实施阶段。这一阶段的主要工作是把任务分解落实到每个一线员工，所完成的目标应该很明确，计划要详细到能够指导每个人的日常工作。

从战略分解的任务角度，不同的阶段所要处理的任务不同。从第一阶段到第二、第三阶段，随着战略的分解，行动方案越来越具体，执行者的任务越来越明细。不同阶段的任务和工作重点也不同，第一阶段强调的是发展，强调的是核心能力的培养；第二阶段强调的是协调和控制；第三阶段强调的是绩效。

2.2.2　影响企业战略实施的主体因素

影响战略实施的因素很多，但是影响的主要因素有以下如图 2-2 所示的几种。因为任何战略的实施最终都需要一线员工来完成，如研究开发人员、市场营销人员、生产人员等。从战略实施的主体看战略的实施，战略实施的个体的战略行为受有效的沟通、企业愿景、战略实施的激励机制、企业的组织结构、企业的执行文化、战略执行主体的个人能力、社会文化和观念、企业文化、企业的团队精神等因素的

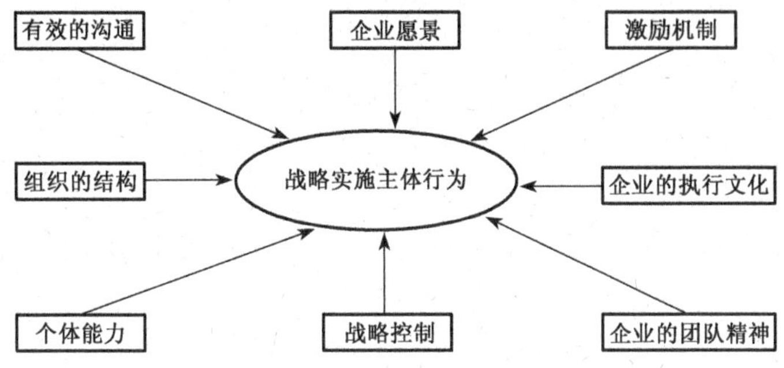

图 2-2　影响企业战略实施主体的因素

影响。由于这些因素将在后面的章节具体讨论，这里就不加赘述。

2.2.3 企业战略实施过程的控制

战略得以实施需要战略控制来保证。一般来说，战略控制是指战略管理者为保证战略方案的有效实施，按预定的标准，采取一系列行动，并通过不断评审和信息反馈，对战略不断修正、纠正偏差，使既定战略得以实现，以达到预定目的的活动。一般包括战略实施成本控制和战略实施行为控制。就其本质来说，战略实施的控制是要求战略管理者设计各种系统，采取各种措施，使战略实施主体的战术策略、战略行为符合既定战略的要求。

战略控制面临着两大难题：一是如何正确处理企业的长期目标与短期行为的关系问题；二是既定战略的执行与战略调整之间的矛盾。战略实施的环境是不断变化的，变化复杂的环境要求既定战略的细节或实施计划做出相应的调整，甚至要求企业实行战略转移，用动态的、更新的战略替代既定的战略。这就需要在实施既定战略目标的过程中，保持对战略目标的动态控制。战略控制要保持一定的度，在控制和灵活之间寻求一种和谐，在满足良好的实施要求的同时满足随着环境的变化调整和更新战略的要求。一般来说，战略控制系统包括战略实施的行为控制和成本控制两个方面。战略成本控制主要体现在战略制定前和战略实施过程中的预算控制，强调战略实施成本控制非常重要，现实企业中很多失败的原因在于预算的失败，如 90 年代的“巨人大厦”就拖垮了企业[117]。战略实施过程中的行为控制主要是对战略实施主体行为的控制和激励。行为控制包括高级管理层和中级管理层要“做事正确”；一线员工的战略行为控制是“正确做事”。对战略实施主体的激励主要是加强对企业家及其高层管理团队的激励，特别是加强对企业的中层管理团队的激励，这对战略实施的成效尤为重要。如下图 2-3 所示。

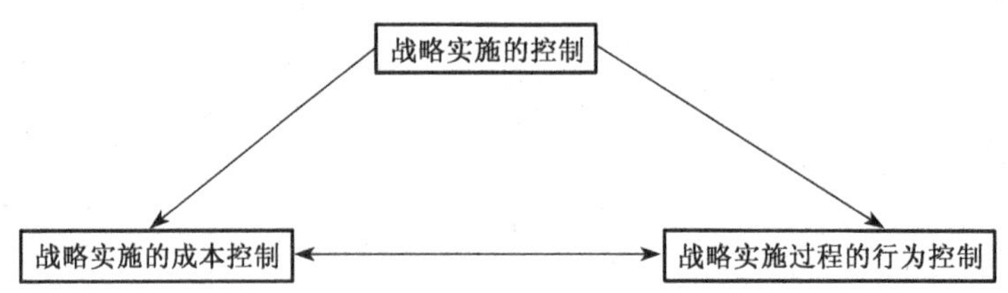

图 2-3 战略实施的控制的两个主要方面

2.3 企业家战略实施的内涵

战略管理发展至今，关于战略实施只是强调组织结构适应性等一般性实施准备工作。关于战略控制仍沿用以绩效控制为目的的反馈控制模式。哈佛商学院的著名教授波特在其竞争三步曲《竞争战略》《竞争优势》和《国家竞争优势》中，也只是强调"战略的本质在于行动"[118]、"战略中作出有所为的选择和有所不为的选择同样重要"、"战略适应性创造竞争优势及持续能力"[119]，却没有在理论中进一步说明如何进行企业的战略实施，如何才能保证"战略适应性"和如何行动。[120]结合企业战略的特点，特别是战略实施管理的特殊性，可以从西方古典管理理论和现代管理理论中去寻求实践的理论基础。管理过程理论的创始人法约尔所创导的及时控制思想，普拉哈拉得和哈默尔的核心能力理论，以及彼约・圣吉所提倡的学习型组织思想，都对企业战略实施管理有重要的指导意义。[121]但令人遗憾的是这些理论是互相独立的，因此有必要提出一种框架，将这些理论统一在一个系统之中来指导实践。与以往的认识不同，有效的战略实施是需要领导者亲历亲为的系统工程，而不是对企业的具体运行的细枝末节的关心。建立企业的一套科学有效的实施系统，就可以大大减少企业战略本身的缺陷和来自外部环境的威胁，充分调动企业内部的全部资源，把握市场稍纵即逝的机会，向企业战略愿景迈进，直至实现企业事先制定的战略，即既定战略。

2.3.1 企业家战略实施的内在规定性

企业家的战略实施要求战略执行必须以企业家为核心，战略执行必须从最高领导做起。企业家作为企业的首席执行官，既制定企业的发展战略，又肩负着企业的战略执行，企业家必须一手抓企业的战略制定，一手抓企业的战略执行，做到两手抓，两手都要硬。打造企业的执行力，关键是要有个执行型的领导。执行必须从企业的最高管理层贯彻到企业的最低层即一线员工，只有这样企业战略才具有贯彻力度。企业家必须充分重视企业的战略执行，培养企业员工的执行力，打造企业的执行文化，构建企业有执行力的团队。

(1) 战略执行是企业家的重要工作职能

企业家不但应该是战略的制定者，更应该是既定战略的执行者。第一，只有企业家才能带领企业真正建立执行文化。企业家在下属眼中具有强大的榜样作用，企业家的执行作风能在企业中营造出执行的氛围。第二，企业家只有参与执行，才能拥有把握全局的视角，企业家脱离执行会使企业家本身缺乏临场的感觉，使其丧失把握全局的视角和能力。第三，企业家在执行中具有四大基本职责：挑选其他管理者，并整合执行力；确定战略方向；引导企业运营；落实各项计划。第四，企业家得正确处理好两个关键问题，一个是“1＋1＜1”的问题，另一个是“1＋1＞1”的问题，努力培养企业员工的个体执行力，规避企业内部因为部门之间利益之争而产生的内耗，打造企业的整体执行力，使企业员工的责任心、中层管理人员的上进心、高层员工的事业心达到最佳组合。

企业家的最大职责是通过培养员工，提升员工的个体执行力；通过管理把个体执行力转变成组织执行力。如果个体有执行力，而组织没有执行力，那组织的战略就不可能得以实施。通过个体执行力的提升来提升整体执行力，这是由木桶短板原理决定的，而整体组织执行力的提高又会进一步提升个体执行力。企业家要充分利用员工个体执行力和企业组织执行力的互动形成企业执行力的良性循环。

(2) 执行是企业文化的核心元素

执行力是企业文化的具体体现，企业的执行力带有企业文化深深的烙印，因为规章制度是企业文化的体现，人是企业文化的物质载体，执行是制度和人的集中表现。

企业家要通过自身的执行行为影响企业的管理团队的行为，进而影响整个组织的战略行为，让执行渗透到企业文化的每一个元素中去，形成执行型的企业文化。同时，执行必须渗透到企业的控制机制和绩效考评机制中去，这样的执行型企业文化才具有可持续性。执行不能渗透到企业的控制机制和绩效考评机制中去，执行型文化就不可能成为企业和员工的基本思想和行为。

通过企业的制度、文化和相应的措施规范企业员工的战略执行行为，变企业员工的执行行为由外化转为内化，执行就成为员工和企业的思维习惯。只有使执行变为每个人的思维习惯，企业的每个既定战略才能贯穿始终。习惯造就性格，性格决定命运。执行的习惯会造就企业的命运，奠定企业成功的基础。总之，执行应成为企业文化的核心元素，成为企业每个管理者和员工的基本价值观。

(3) 企业战略实施离不开企业家的领导力

执行力需要企业家的领导力去影响，也就是说，我们应如何发挥一个企业家的领导力。在讲究团队分工的现代企业里面，赢得人心信服的能力，比过去任何时候都更具有关键性，尤其是在中国。企业家应该充分利用自己的权威，通过自己的异质型人力资本和政治资本来对企业员工的战略行为施加影响，用企业家的领导力来影响员工的战略行为，使每个员工的战略行为朝着企业的战略愿景迈进。

企业家必须亲自抓战略实施的三个核心流程。企业家要做好执行的工作，必须管理三项核心流程：挑选高层和中层主管，制定企业的战略方向和运营，并在此过程中落实各项计划。只有那些参与到企业运行当中的企业家，才能拥有足以把握全局的视角，并且做出正确的取舍决策。惟有密切参与企业战略执行的企业家，才可能对公司状况有深入的了解，从宏观的角度看问题，制定企业的发展战略。也惟有企业家，才能设定企业战略实施的基调。战略性沟通是企业文化的核心，也是战略执行工作的基本方法，因此必须构建战略沟通机制。总而言之，企业家必须亲自抓好战略实施的三项核心流程，同时全心全意投入到企业战略实施的过程之中去。

(4) 构建有利于战略实施的流程和执行型企业文化

执行力强的领导人必须构建企业战略执行的流程，营造出有利于战略执行的文化。企业家对战略实施的流程和执行型企业文化的领导，表现在战略任务的分派与后续追踪跟进上。企业家必须了解战略执行的先后顺序，要做到这一点，领导人必须对企业的战略执行有透彻的了解，并且能提出决策性的解决方法。通常，善于领导执行的企业家甚至无须告诉企业员工该做什么，他只需友情提醒，让员工去思索自己该做些什么。通过这样的方式来指导自己的员工，领导人不但能传授自身的经验，还能教育员工跳出过去习惯的思考方式。在这种领导风格下，不但不会压抑人才，反而可以协助企业管理层拓展领导才能。有执行力的领导人会营造出有利于执行的文化与流程，使公司内部员工都可以强烈感受到这些领导人无处不在。

2.3.2 企业家对战略实施的重要性

(1) 发挥企业家战略管理职能的重要性

在竞争日趋激烈的时代，企业家的战略管理职能变得异常重要，其战略管理作用发挥的好坏直接决定了企业的成败。首先，企业经营环境的高度动荡和竞争的日益激烈。经营环境的动荡不安使得市场需求、生产要素价格、企业资源有效组合的方式等都处于经常的变动之中，激烈的市场竞争也使得企业仅仅提高原有产品的质量、降低成本难以取得竞争优势，这就要求企业必须不断地对业务范围、目标和战略进行调整。其次，随着企业规模的扩大，企业内部的复杂性增强，需要企业家不断地根据发展战略的要求，从企业整体的角度优化企业的整个经营模式。第三，企业管理工作存在着分工。作为企业统帅的企业家更多地承担着为企业提出愿景、设定目标、制定战略的任务，而且也只有企业家才能成功有效地实施战略管理。笔者认为，只有企业家才把经营企业作为自己的事业，将自己的命运与企业的命运紧密联系起来，把发展企业作为自己的追求。总之，企业对战略管理的强烈需要和企业家的角色定位，决定了在知识经济时代加强企业家的战略管理职能具有无与伦比的重要性，这也是企业决胜国内外市场的最关键的因素。因此，必须建立企业家的战略实施机制。

(2) 战略实施对企业家的素质要求

作为企业的高层领导的核心，企业家对战略管理具有不可推卸的责任，但是企业家的工作又不仅限于战略管理。明茨伯格在《经理工作的性质》一书中对经理的工作进行了研究，认为经理的工作有六个特点和十种角色。[122]由此可见，由于企业家角色的多样性，企业家的战略管理活动总是与其他行为结合在一起的。在现实的企业管理实践中，很难对企业家的战略管理活动和日常经营活动做出明确的划分，从而把企业家的战略管理活动完全独立出来。各种活动往往缠绕在一起，也就是说一项管理活动中既有战略的成分，又有战术的成分。科特(Koter)经过研究发现，建立强有力的实施保障体系是成功的领导行为的特点之一。[123]战略实施的有效性要求企业家能够建立基于自身领导力的战略实施体系。[124]因为战略实施不能一般号召或抽象规定，因此必须按照具体情况作出具体实施方案和采取有力的措施，使战略规划贯彻落实，指导性和可操作性要强。要照顾各方面的关系，尤其是与实施战略安排所需的各主要实力派之间的支持关系，确保这些支持关系的服从、合作。必须建立基于企业家领导下的企业战略实施委员会，拥有一支担负着把设想变成现实这一重任的、严密组织的和富有执行力的团队。

所谓企业家素质是指企业家应具备的各种个人条件在质量上的一种综合，综合中外学者的观点(Stevenson，1985；袁宝华，1997；鲁冠球，1997；乔治・吉尔德，1992；科特，1997；于省宽，1997)，笔者认为企业家的素质由智力素质、个人品质及道德素质、知识素质、经验素质、身体素质和心理素质这六大要素组成，包括了企业家的智力、品质、文化教育程度、技术业务素质、积累的经验、身体素质、心理素质等。

1) 智力素质。企业家处于企业外环境与企业内环境的交点上这一特殊的岗位，其所面对的人事关系较一般人要复杂得多。面对变化多样的消费者喜好与日益加快的技术进步等因素构成的企业经营环境，企业家要了解大量有关特定产品、技术、市场和人员的情况等方面的信息；同时要求企业家思维敏捷，有相当强的分析能力和从战略上、全局上考虑问题的能力，以及具备一种将上述所有信息综合形成一项合理规划的可靠判断力。由此就要求企业家应具备相当的智力水平。科特(1997)认为出色的企业经营者的智力都高于常人。

2）思想素质（品行）。企业家需要有诚实、正直、可靠而又令人信赖的品质。正直有助于确定好的经营方向，对富于闯劲的人尤其如此。如一个人的诚实遭到他人的怀疑，则难以吸引并号召他人，也不会取得别人的信任，从而也不愿服从其领导。野心勃勃干劲十足却缺少正直感的人，也能选定经营方向并进行变革，获得成就和辉煌，但他们最终难逃失败的命运。

3）知识与知识积累。知识丰富是对企业家素质的重要要求，企业家受过的文化教育程度与工作过程中的学习对丰富企业家的知识库是两个关键的影响因素。一些企业家显然比另一些企业家在知识上更为渊博，称职的企业家在自己的行业中一定是位"行家"。他们对行业相关的特定产品、竞争对手、市场、利益相关者、科技、各类组织及政府法律法规了如指掌。此外，他们对自己企业、公司的情况也一清二楚。成功的企业家十分熟悉各种不同的人、千变万化的组织程序、企业发展史、公司特殊的产品等。当然对知识素质的要求还取决于其行业技术变革速度的快慢。传统产业与高新技术产业对企业经营者的知识素质的要求显然是不一样的。

4）经验与经验积累。企业家早期工作或生活中的经验对形成企业家的世界观、事业观、处理事务的态度以及领导风格与管理方法起到重要的影响作用。一般来说，早期事业中遇到的真正挑战，让人有机会去领导、去冒险，从成功和失败中学到东西。这对学会广泛的领导技巧、开拓眼界非常有用，同时还让他们知道领导任务的难度和引起变革的潜力，懂得仅有管理才华还不能适应不断变化的环境，洞察到自己在领导方面有限的力量及弱点。企业经营者在多个岗位上的锻炼经历有助于他在企业所在行业中建立起广泛的人际关系网络，这也有助于其行业和组织知识的取得。

5）身体素质。良好的身体素质是企业家成长和发展的物质基础，是企业家做好领导工作的最基本的条件。有好身体，才会有旺盛的精力，才可能承受精神与体力上的双重压力。哈默认为"幸运看来只会降临到每天工作 14 个小时，每周工作 7 天的那个人头上"[125]。有关企业的调查表明，企业经营者每天实际用于企业经营的时间平均长达 11.7 个小时，最长的平均达 14 个小时左右。[126]万象集团董事局主席鲁冠球在春节期间还将自己一个人关在办公室里对一年的工作得失进行总结。[127]美国的有关统计表明，因为激烈的竞争，每 10 个经理人员中就有 1 个进过精神病医院或遭受过严重损害。[128]所有这些都说明具备良好的身体素质尤其是旺盛的精力是成为一个企业家的重要条件。

6）心理素质（品行）。企业家的健康的心理素质包括情绪稳定、思想乐观、客观公正以及头脑冷静等素质。健康的心理是发展或参与群体活动的基础。缺少起码的心理健康，很难形成领导行为所需要的与他人合作的技能，心理问题会引起对问题的歪曲误解，也可能使确立的愿景目标存在缺陷，导致悲剧。正是使命感与责任感使企业家每时每刻都在思考着企业的经营问题，感到极大的心理压力。

总之，成功的企业家应具有经营企业的知识、胆识和见识，既能高瞻远瞩，审时度势，又能果断决定，行动有力，具有在激烈竞争中驾驭企业的能力。当然，要所有的企业领导人都全面达到上述要求，可能标准太高，难度较大。首先企业家是人，也有优点和缺点，完全能够达到上述要求的实不多见。但是，以上要求是作为企业家的努力方向，也是成功企业的宝贵经验和企业战略管理的要求。

企业家能力。企业家追求的目标既有短期的，也有长期的。所以，企业家必须同时采取两种不同的策略。首先，他必须不断地优化短期的竞争行为，善于适应多变的环境，不断提高企业战略、组织结构、人、文化与操作流程之间的一致性。其次，确保如何以及何时进行革命性的创新。[129]对企业家能力的论述可以说是自企业家概念诞生以来讨论最多的内容之一，无论是国外研究还是国内研究都分别从不同的角度根据不同的研究需要对企业家应具有的能力作出了详尽的阐述(徐传湛，1997)。早期的研究(如萨伊、马歇尔)强调了企业家的资金筹措与资本运营的能力；奈特与彭罗斯强调了企业家对行业的预测能力及劝服他人的能力；熊彼特则强调了企业家的创新能力；钱德勒强调了企业家建立与管理大型人类组织的能力；更多的学者(如大前研一、德鲁克)强调了企业家的战略决策能力和用人能力。这些观点不一而足，可见对企业家研究角度的不同，对企业家能力的侧重也就不同。

国外还对企业家能力进行了实证统计研究。如美国企业管理协会调查表明，一个高层的管理者，他的概念技能占人体所有技能的47%，人文技能占35%，技术技能占18%。[130]许多国内学者也对企业家应具有的能力作了探讨。如蒋伏利(1997)认为企业家应具有五种能力：决策能力、创新能力、应变能力、组织指挥能力以及社交能力。[131]

企业家行为可以归结为领导行为和相对应的管理行为，企业家能力可以在两个维度上进行划分，第一个维度的企业家能力可以依据其特异性划分为企业家特异性能力与通用性能力；在第二个维度上可以划分为解决管理问题的能力和使企业增长的能力。前者更多的是企业家在企业常规性的问题解决过程中所表现出的或者说所需要的能力；而后者更多的与熊彼特(J. A. Schumpeter)所表述的承担风险和把握“创造性破坏”的机会联系在一起。国外近来的研究非常重视企业家学习的能力。随着环境的迅速变化以及变革的加速，善于“从失败中学习”和“从变革中学习”已成为企业家能力的重要内涵，也成为企业家成长的关键影响因素与重要机制。

企业家精神是什么？很早以前人们就对企业家精神的特殊作用进行了阐述。新古典经济学代表人物马歇尔认为，企业家精神是一种心理特征，包括“果断、机智、谨慎和坚定”以及“自力更生、坚强、敏捷并富有进取心”，“对优越性具有强烈的愿望”。[132]奈特(1921)认为，企业家精神是在不可靠的情况中，以最能动的、最富有创造性的活动去开辟道路的创造精神和勇于承担风险的精神，并指出自由企业制度才是真正激发企业家精神并使之发挥作用的动力。[133]

作为经济发展的驱动力量，企业家与企业家精神在熊彼特的经济发展理论中占有重要的地位。熊彼特(J. A. Schumpeter，1932)认为，企业家精神是一种“经济首创精神”，即创新精神。为建立以自己的家族为核心的私人企业王国而发挥出来的创造力与坚强的意志是这种精神的支柱。熊彼特认为企业家具有不同于一般人的“特别动机”，它是“传统教科书中”关于“经济人”动机的“那种心理学”所不能解释的。他将企业家精神归结为创新精神，并认为这种精神来源于三个心理特征：企业家的梦想和意志；企业家有征服的意志，证明自己比别人优越的冲动，求得成功不是为了成功的果实，而是为了成功本身；企业家有创造的欢乐，把事情办成的欢乐，或者只是施展个人的能力和智谋的欢乐。[134]

此后，许多学者在研究企业家精神时继承了熊彼特“创新说”的衣钵。以管理大师德鲁克的重要著作《创新和企业家精神》(1985)最有代表性。他指出：“企业家认为变革是常规的。通常企业家们本身并不带来变革，但是企业家始终在寻求变革，对变革作出反应，并把变革作为机会予以利用，这就是企业家和企业家精神的定义。”他还认为，寻求变革、创新，必然要冒风险，但“从理论上说，发挥企业家精神应是风险最小而不是风险最大的道路”[135]。

池本正纯(1985)则认为：“所谓企业家精神的本来意义是率先负起承担风险的责任，克服不可靠性这一障碍的决心比任何人都要坚决、果敢。”他还强调了企业家“事业心”的重要作用，认为企业家的事业心是担负企业命运的根本因素。[136]企业家的事业心和对风险的态度，是一枚硬币的两面。因为企业家的事业心包含着承担风险的意志，还包含着更深层的探索避免风险的积极性以及扩展企业的意志。

国内学者从我国传统文化出发，探讨了企业家的精神特征。袁宝华(1997)认为，中国的企业家应具如下品德修养：天下兴亡，匹夫有责；胸怀全局，脚踏实地；艰苦创业，无私奉献；思想解放，开动脑筋；清正廉明，依靠群众；疾恶如仇，从善如流；

谦虚谨慎，戒骄戒躁；学而不厌，诲人不倦；丢掉幻想，搏击市场；锲而不舍，刻意创新[137]。严文(1997)认为要成为企业家就应具有极强的上进心、魄力、自信、有持续的恒心和力量、自我克制力以及自知之明。[138]

企业家能力发展的动态过程。企业的经营环境是不断变化的，企业自身的经营条件也是在不断变化的。由此企业家的领导能力与管理能力也就需要做出相应的改变。企业家在经营企业的过程中有一个通过“学习”(这里的学习指企业家学习，下同)不断提高自身能力的客观需要，那种沉缅在过去的成就中不思进取的企业家终将会被淘汰。企业的发展从某种意义上讲是个无限的过程，而囿于自身素质与自己“学习”能力，企业家个人能力的增长却是有限的。随着企业发展，企业规模的不断扩大，宏观环境变化的不断加剧，尤其是社会技术更新速度越来越快，单个企业家的领导与管理能力的提高跟上时代变化的难度越来越大，这就提出了对企业家群体的需求。

综上所述，企业家在经营管理企业的特殊环境中会形成体现其职业特点的独特的思想意识、思维方式和心理状态，即企业家精神，主要包括：抱负远大、豁达的人生观、强烈的事业心和成就欲、顽强进取的精神、竞争意识、创新精神、坚决果断、敢冒风险以及超前决策意识等。

2.4 研究预设

本书为了达到预期的研究成果，我们事先假设要达到的成果为企业家是企业战略实施的核心、有效性是战略实施的标准、执行力是企业战略实施的关键。本书的整个结构也是按照这个脉络来安排的。这样做的结果是使整体研究框架显得更加清楚，从而达到纲举目张的效果。

2.4.1 预设一：企业家是战略实施的核心

由于企业战略管理环境的变化，企业家的经营职能也发生了相应的变化，企业界和学术界已经改变过去过分重视企业战略制定的现状，开始注重企业的战略实施。企业家必须一手抓企业的战略制定，一手抓企业的战略执行，实行两手抓，两手都要硬。企业家是战略执行的最主要的主体，企业家必须具有执行力。企业家是战略实施的核心就成为战略有效性的必然前提。

由于传统企业所处的战略环境相对稳定，企业家主要考虑的是如何按照既定的方针正确而有效率地运行战略。因此，传统的企业家的管理主要侧重于职能管理，包括计划、组织、协调、领导、控制。

知识经济时代，企业战略所依赖的环境已经发生很大的变化。对于企业来说，战略分析、战略制定、战略实施和控制成为企业灵活运用资本、通过环境因素与企业间寻求匹配而谋取优势的关键，也就使得企业家及其高层管理必须将战略实施摆到战略管理的首位。目前，企业界和理论界对研究战略实施的重视已经到了难以复加的程度。与传统的职能管理相比，企业家更注重了解环境及企业资源和能力，分析、判断、预测，并做出战略决策，更多地注重战略执行。在追求速度的今天，企业的先动优势成为竞争成功的主要手段。而企业的发展靠的是企业家战略性思维对市场的敏锐感知力，由于企业家在企业中的领导地位使其成为企业战略实施的核心。

对于一个企业来说，企业家是企业战略资源中最重要的资源之一，是企业的战略行为的主导者，更是企业战略管理的决策者。一个企业家的能力、见识、胆略、气质、品德及偏好等往往能决定一个企业的命运。对一个社会而言，企业家阶层是一个宝贵的财富。企业家阶层的有无、成熟与否以及企业家的偏好、价值取向等都会对企业管理进而对企业发展产生十分重要的影响，从这个意义上说，企业家是企业发展的主导和灵魂。企业家是企业战略实施的核心。

中国企业界的企业家的战略执行存在许多误区：企业家的聘用机制不合理，导致企业既定战略的实施缺乏可持续性，企业失去了非常好的发展机会的同时也造成了大量的资源浪费；对战略执行的期望值过高；战略在沟通过程中发生失真现象，导致企业员工片面理解战略执行，使实施的结果偏离了企业既定战略的方向；没有建立战略实施的权变型组织机制，仍然沿用过时的管理方法，战略实施的领导机制与战略实施资源不匹配；缺乏有效的战略实施绩效的测评机制和辅助工具，对企业的战略实施缺乏有效的激励机制；没有认识到企业的战略执行实质上是企业管理的一场革命。

成功的企业管理同时依赖于卓越的企业战略和卓越的战略执行。要强有力地执行卓越的企业战略，作为企业战略执行核心的企业家必须做到：①全面了解企业的资源能力及外部可利用的资源状况，尤其要具备一定的外部资源整合能力，包括社会、政府及其他资源；②管理流程的重构。与传统管理者相比，作为战略家的管理工作的重心发生了变化，必然导致其管理模式及内容的调整，这时，就必须对整个管理流程进行再造；③充分而合理地授权。战略管理应是全部管理人员参与的管理过程，同时现在组织结构的扁平化趋势要求企业的整体管理的效率及质量必须建立在充分而合理授权的基础上;④正确把握企业战略执行力的三个核心,即人员流程、战略流程和营运流程;⑤构建执行型的企业文化,高效执行,杜绝借口,建设企业的执行力文化;⑥注重提升企业家和员工的个人执行力,建立有执行力的管理团队,明确管理层的责、权、利,制定执行流程,进而提升组织的整体执行力;⑦在实施企业的既定战略的过程中,必须适时进行企业的战略调整,从而使企业的既定战略适应企业的发展环境,实现企业的既定战略。

2.4.2 预设二:有效性是战略实施的标准

企业的既定战略在制定好了以后,就是变给定战略为现实的过程,企业战略实施的有效性是战略实施的标尺。影响企业战略实施有效性的主要有战略实施的主体、战略资源的匹配、企业的成长周期、战略实施的主导范式的变化、战略实施有效性的路径依赖等。下面就战略实施有效性的影响因素进行粗略分析,在第三章进行详细理论分析。

(1) 企业战略制定过程的特征影响企业战略实施的有效性

中国企业在制定战略的过程中存在着明显的企业家“一言堂”现象。在很多中国企业中普遍存在着领导者个人的能力和素质决定企业成败的现象,其根源就在于企业家个人主导战略的制定过程和结果。战略决策“一言堂”不仅影响战略的质量,还会致使制定过程中未排除的障碍和阻力在执行过程中逐渐反映出来,最终影响执行的有效性。

中国企业的战略制定过程具有很强的偶发性。战略决策尚未制度化、缺乏规划性是中国企业战略形成的一大特点。战略的偶发性和不确定性会使得企业日常的经营活动缺乏重点和核心,各职能部门更关注各自的职能活动而非对战略的贡献,难以形成整体的合力和凝聚力。

中国企业的战略具有较突出的“短时窗”特征。标准的战略管理理论通常认为战略规划应考虑企业未来 10 年或 10 年以上的发展规划。大多数企业的战略规划的时间窗在 5 年以下。这说明中国企业战略规划的时间窗短于成熟市场上的企业。改革开放以来,我们国家的产业、经济政策不断演变,市场环境具有较高的不确定性。企业内、外部经营环境的剧烈变化使得战略规划者往往很难合理地预见到 10 年甚至 5 年后企业的生存环境和状态,也就难以制定出明确、可行的较长时间窗的战略规划。但是,较短的规划时间窗可能会导致企业的运营缺乏连贯性,资源的投入缺乏持续性,难以建立企业的核心竞争力,从而阻碍持续性竞争优势的形成,从而影响企业的战略实施的有效性。

(2) 中国企业的战略执行过程表现的特征影响企业战略实施的有效性

战略实施过程中，由于企业的发展战略已经制定好了，对既定战略实施的有效性影响最大的就是战略制定的主体——企业家及其高层管理团队，战略实施的主体——企业家以及战略实施所涉及的所有员工，战略实施过程中的战略资源的动态匹配，企业的成长周期，战略实施的路径依赖等。

虽然越来越多的中国企业开始重视战略管理能力的提升，但总体而言还处于起步的阶段，需要在战略制定和执行的循环中不断总结经验和教训，通过战略管理过程的制度化和规范化提高企业的核心竞争能力。为此必须建立相应的战略实施的支持系统。

1) 建立与战略相适应的组织支持系统。建立与战略相适应的组织支持系统是战略执行系统的组织保障。企业制定战略的重要特征之一是适应性，其强调企业组织能运用已占有的资源和可能占有的资源去适应企业组织外部环境和内在条件的变化。

2) 建立战略性人力资源管理系统。在战略执行过程中，人力资源管理的角色已经从传统的行政和操作角色扩展到了战略角色。人力资源部门的职能不再局限于招聘、培训等工作内容，而是被整合到企业的战略、运营等流程中去，并承担起新的职责。这种新的角色定位使人力资源部门能够为组织的战略和运营配备合适的人员，使整个组织的战略执行能力获得提升。

3) 建立执行力文化是战略实施有效性的灵魂。执行力文化的优势代表着竞争优势、效益优势和发展优势，也是企业克敌制胜的根本。只有构建企业执行力文化，将战略执行力作为企业文化的因素，贯穿于企业文化建设的方方面面，才能打造全新的战略执行力文化。执行力文化的建设需要制度保证、精神培育，从而使战略执行力文化在企业深深扎根。

4) 战略执行的管理机制。制定战略及战略目标的实现最终需要企业在管理模式和管理机制上下功夫，要夯实制度管理的基础。企业领导人做企业，信誉是第一位的，但光有信誉是不够的，还要有一定的制度保障才行。建立开放、透明的管理制度，增强内部管理的制度化与公平性。制度制定后关键是执行，再好的制度，没有人去执行或执行力不到位也是没有用的。企业有好的管理模式，好的管理机制，好的带头人，明晰的责、权、利关系，员工的积极性、主动性、创造性就会得到最大的发挥，管理的执行力就会强化，管理的平台就会突破，这是企业提高管理效率，走向“长寿”的重要手段。

5) 建立有效的情报系统是战略执行有效性的调整杠杆。战略决策必须根据企业的宗旨和目标，在对企业的内部优势和薄弱环节、外部威胁和市场机会进行系统化分析基础上制定。企业竞争情报及研究就是以战略管理为目的的关于竞争环境和竞争对手的信息活动。竞争情报是战略管理的基础，无论是战略的制定，还是战略的实施和评价，都需要对企业的竞争环境、竞争对手和竞争战略进行基于信息的搜集、研究和分析。

6）建立有效的战略评估与跟踪机制是保障企业战略目标实现的监督工具。企业战略从来都是无终点的，评价业绩，监督竞争环境的变化，进行适当的战略调整，这些都是企业战略管理的正常工作与必须的要素。如果战略执行过程中，公司的业绩低于一般或预期水平，或者进展不快或很小时，必须采取纠正性措施进行战略调整；如果企业外部出现了新的情况，也要采取相应的措施进行调整。企业战略目标的实现与能力的培养，首先应制定科学的战略规划和战略执行系统，而战略执行系统的有效运行应是企业家及其高层管理团队的工作重点，组织支持系统、人力资源管理重新定位、执行文化、管理机制、情报系统、战略评估与跟踪机制等方面问题得到重视与执行，才能逐步建立战略执行系统，提高企业战略执行的有效性。

2.4.3 预设三：执行力是战略实施的关键

战略实施是企业战略目标与战略结果之间“缺失的一环”，是能否实现企业既定战略目标的决定性因素。它不是简单的战术，而是一套通过提出问题、分析问题、采取行动的方式来实现目标的系统流程；它是企业战略的一部分。执行是各类组织最基本的常态，执行力就是各类组织将战略付诸实施的能力，反应了战略方案和战略目标的贯彻力度。执行力弱是各类企业目标得不到及时而有效实施的根本原因。越来越多的组织开始注重组织执行力的提升。

战略的正确并不能保证企业的成功，成功的企业一定要在战略方向和执行力两个方面都能到位。企业的执行力与企业战略一样重要，某种程度上，企业的执行力比战略更为重要。执行力已经成为企业核心能力的一部分。因为战略的无效而导致企业的失败的案例并不多见，相反，因执行力不佳而导致企业执行力缺失的案例比比皆是，提升企业的执行力已经成为企业打造核心能力的战略路径。在战略相同或相近的情况下，执行力强弱就成为企业能否克敌致胜的关键。强大的执行力不仅可以保证企业战略得以顺利的实施，保证企业既定战略的方向，优化企业的既定战略，还能形成战略规划和战略执行之间的良性双向互动。

企业的发展壮大，除了企业家及其领导阶层善于不断抓住企业的发展机遇，制定相对科学的企业发展战略之外，更重要的是要具有实施既定战略的执行力。执行力是企业贯彻落实企业家及其高层领导阶层的战略决策、及时而有效地实现企业战略目标的能力，是企业各种能力综合的体现，是企业管理决策在战略实施过程中原则性和灵活性相互结合的重要路径，也是企业生存和发展的关键。

执行必须从最高领导做起，进行企业家角色定位观念的变革，制定并实施企业的发展战略。企业家及其高层管理团队是战略实施的主体，企业家个体必须具有执行力，注意培养企业员工的执行力，建立战略执行的理论框架，改变企业以往形成的执行力扭曲的现状。制定科学的战略执行程序是执行力的有力保障，努力提升企业的整体执行力。

中国企业的战略水平相对于发达国家来说比较落后，尤其是战略制定和战略执行方面，中国企业的战略规划水平需要进一步提高。在战略意识逐渐成熟的过程中，企业只有有效地执行企业的既定战略，才能有更多的企业成长机会，同样，企业执行力的不断增强反过来也会促进企业战略制定和执行水平的提高。执行力已经成为困扰企业高层最紧迫的问题，建立企业战略执行力的理论框架，总结中国企业战略制定和执行的现状，并分析企业战略执行力的决定因素及其特征，说明企业战略执行实质就是企业管理的一场革命，使中国企业家和学术界对企业的战略执行能够有一个更为全面和深入的思考。推动企业战略执行力的提升，从而促进中国企业的整体执行力水平的提高。

本章小结

本章通过对战略管理中的企业家理论进行总结，战略管理的历程和企业家在企业管理中的职责说明企业家是企业领导核心，是企业战略愿景和使命的缔造者。同时界定企业战略实施的内涵、企业的战略实施和战略执行；指出企业战略实施的三个阶段；分析了影响企业战略实施的主体因素；提出了对战略实施过程的控制。另外还说明了企业家的领导是企业战略实施的必然要求。提出论文研究的三个预设，这也是基于企业家的战略实施研究框架的理论支撑点。

第三章　战略实施有效性的分析

本章引言

本章通过对管理的有效性、战略的有效性和战略实施的有效性的界定，介绍了战略实施有效性的传统和现代评价方法；同时指出战略实施有效性的战略路径依赖，那就是企业家的执行力和胜任力。企业家的执行力和胜任力也是影响战略实施有效性的关键变量。

3.1　有效性

毋庸赘言，企业战略实施的有效性是企业安身立命的根本。一项符合逻辑且具有适应性的战略本身通常无所谓对错或优劣，战略本质上是企业与不断变化着的市场环境对话的过程，它是在一定时期、一定市场环境下制定的，具有一定的有效性要求。所以战略计划中最重要的是实施，即企业是否具有战略实施的能力。《财富》杂志在调查的过程中发现："多数情况下，估计为70%的问题并不是因为战略本身不好，而是因为战略执行的不好。"[139]所以，对于战略的本质而言，没有强有力的执行，不设法提高企业战略实施的有效性，再好的战略构想也只是"水中月、镜中花"。[140]因此，必须保证企业战略实施的有效性。有效性是任何一个组织的终极追求。组织有效性(Organizational Effectiveness)的相关研究是组织理论、组织管理及评价实践中日益受到关注的热点问题之一，不论是企业、政府、还是非盈利性组织。尽管不同类型的组织对于有效性的概念和结构界定上有差异，但也存在一些共同关注的问题、基础理论和研究方法。

管理者的职责在于追求管理的有效性[141]。有效性实质就是一个组织的最终绩效。在组织理论中，组织有效性是组织实现其目标的程度，组织目标反映组织存在的原因和它寻求达到的结果。有效性是一个广义的概念，即表明在组织和部门之间可认为存在一个变化的范围。有效性是评价多重目标的实现程度[142]。

3.1.1 管理的有效性

(1) 管理有效性的定义

所谓管理有效性是指剔除客观基础条件优劣的影响，真正反映由于管理者主观努力而产生经济效益的管理活动的行为特性。实质上，管理有效性反映了人们主观努力的程度，所要研究的是人的经营管理及创新能力在经济增长中的作用。建立管理有效性的科学合理的评估方法，可以真正做到对不同测评单位都有激励作用，从而有利于测评单位寻找差距，分析经济行为低效的主观原因，调动人们提高经济效益与科技进步的积极性。人的主观努力所带来的经济效益，才是管理创造效益的真谛，也是管理有效性思想的核心。

对组织有效性指标的认识的差异性。不同人对组织有效性指标理解是不同的，一些人认为是有效的而另一些人可能认为是无效的，例如，雇员、客户、供应商、利益相关者、消费者群体、政府、经济学家、商业顾问、媒体、以及学者，在评价组织有效性时常常采用不同的观点。对组织有效性的指标的重要性选择反映了评价者不同的重点、兴趣，以及对组织功能的不同的观点。

从学者的研究角度来看，他们关注的重点往往在于识别(Identifying)可测性指标，并通过对其结构的限定，作出关于有效性的可靠评价(Reliable Judgement)。相反，管理者通常的关注重点在于改进组织的运行和为各类利益相关者(Stakeholders)所展示的成果，进而希望通过组织有效性的评价寻找解决问题的方案[143]。

在一个开放的系统中，组织有效性与战略管理和外部环境共同构成研究的核心部分；决定组织的目标、战略和设计，帮助组织适应变化的环境，更好地实现组织目标是组织的高层管理团队或企业 CEO 的主要职责。

在组织有效性的具体定义上存在着不同的解释和观点，不同的评价方法对组织有效性的定义有不同的侧重。不同类型的组织，如企业与非盈利组织，在有效性的定义和结构上存在差异，但同时也有一些共同关注的问题、基础理论和研究方法。

管理的有效性是管理自身的要求。管理就是在有限资源条件下，尽量多快好省地办好事情出成果，也就是在有限的时空条件下，充分发挥资源的作用。管理作为手段和企业盈利目的是一致的。但是，由于价值补偿不仅仅是一维导向，往往可能出现两种后果：一种是总体性能和力量大于部分之和，因为目标明确，管理得当，干部、群众的积极性、主动性、创造性都会得到充分发挥，工作效率、效能、效益都达到总体目标的要求，这就是有效管理的结果；另一种是总体性能和力量小于部分之和，由于目标不明，风气不正，措施不当，各项工作不能很好协调，造成彼此内耗，人心涣散，怨声载道，工作效率、效能、效益不断滑坡，完不成总体目标的任务，这是无效管理的结果。当然，人们不能渴求任何管理都是有效的，但力争和确保达到企业的总体优化，避免和防止总体劣化却是企业管理者的职责。

在传统计划经济体制下，企业管理者的管理行为是否有效无关大局。国家就如一个大工厂，企业只是大工厂的分厂和车间，是政府的附属物，企业没有主权，一切按国家计划行事，因而企业管理带有很多形式主义色彩，唯长官意志是从，企业管理者根本不用考虑企业自身的具体状况，也不必为管理的有效无效问题大伤脑筋。企业经营好坏，都由国家承担，盈利利润上缴国家，亏损照样由国家承担，因此，长期以来，管理的有效性问题在人们的心目中，特别是在企业管理者的心目中淡化了。这种状况使我国企业在改革开放前，长期处在滞后发展中。而日本在二战后，经济奇迹般的腾飞，奥秘就在于他们把东方的哲学思想，西方的管理理论，同日本传统的民族文化相结合，形成了独特的民族精神和企业精神，形成了系统论所揭示的“1＋1＞2”的整体功能。随着我国经济体制改革的深化和市场经济的发展，管理已成为我国企业发展的重要问题，被提到了议事日程上来。企业逐步成为自主经营、自负盈亏、自我发展、自我约束的市场经济主体和法人实体之后，企业的兴衰和管理好坏直接相关。企业要在市场经济大潮中取胜，必须通过管理，以最少的物力和人力来实现目标和任务，这也就是我国著名经济学家孙冶方概括的“最小——最大”原则，这不仅是经济工作的指针，也应该成为一切管理工作的价值标准。

如果说无效管理在改革前是普遍现象的话，那么，如今的无效管理也决非是个别现象。目前，一些企业之所以迟迟搞不上来，主要是管理跟不上。其主要原因是企业管理者观念跟不上市场经济发展的需要，缺乏企业管理者应有的素质，其中包括知识水平和业务能力。一些企业的管理者并没有科学管理知识，只凭想当然办事，也不懂领导艺术，结果造成人心涣散，财务混乱，产品积压，资金不足，企业亏损，给国家造成很大损失，也引起了严重的社会问题。相反一些企业管理者的管理行为有充分的科学依据，充分运用领导艺术，他们以人为本，职工心目中装着“厂兴我荣，厂衰我耻”的信条，各方管理积极向现代企业制度靠拢，这样的企业就会在市场经济大潮中脱颖而出。

(2) 管理有效性研究对我国企业的应用意义

1）管理有效性是管理科学的重要内容和基本原则。管理有效性研究是运用最优化方法研究管理状况的一种科学方法。由于有效性本身并非是充分的实证分析，所以它在很大程度上是一种价值分析。在现实管理中，管理不可能完全无效，完全无效的管理是不能长久存在的。管理有效性分析只研究在一定基础条件之下现实的管理状况，分析管理者的主观能动作用，考察其努力程度，分析管理有效性高低的原因及对策，为科学地评价管理者的工作和提高管理水平提供有效的途径。

2）管理有效性是选择管理模式的根本标准。考察管理有效性的最终目的是调动人的积极性，提高工作效率。不同的管理方式、管理手段具有不同的效率结果。同一种管理方式在不同的社会历史条件下所产生的管理效果也不尽相同。究竟选择哪一种管理方式、手段，关键在于能否取得较高的管理有效性。科学地、公正地评价人的工作绩效，是调动人的工作积极性的基本前提和必要手段，然而怎样正确地评价知识工作者的工作业绩，始终是个难题，管理有效性的理论和方法，在这个问题上将能够有所突破。从管理实践上看，美国、德国、日本以及东亚管理模式的确立，无不是针对各国的实际情况，以提高管理有效性，促进经济和社会发展为目标的。在中国，20 世纪 60 年代的大庆经验以及改革开放以后的邯钢经验、海尔模式都是以提高效率、效益为目的确定的管理理念和管理方法。这些经验之所以能够广为流传，成为一种管理模式，关键就在于它调动了企业员工的积极性，切实促进了企业的发展，使经济效益和社会效益显著提高，管理有效性大大增强。

3）管理有效性是管理制度兴衰的重要标志。制度发展，事实上必然表现为人的积极性与创造性的高涨，表现为管理有效性的提高，反之，则是管理有效性的下降。纵观企业发展史和社会发展史，我们会认识到无论企业制度还是社会制度都与管理有效性保持着正相关的一致性，都可以通过管理有效性的高低窥视到管理制度的兴衰轨迹。较高管理有效性必然为较先进的管理制度所拥有，较低的管理有效性必然与落后的、不适宜的管理制度相伴随。管理有效性与管理制度是逻辑与历史的辩证统一关系。有效性是历史演进中的自然法则，是社会生产力的表现，制度是历史演进中的社会法则，是生产关系的体现。有效性是制度选择的根本标准，只有较高有效性的制度才可能成为现实中的制度；制度是有效性的条件，先进的、与有效性相适应的制度，可以促进效率提高，落后的、与有效性不相适应的制度，会阻碍效率的发展，旧的制度到一定程度必然会被具有更有效的新制度所取代。

4）管理有效性是制约管理绩效和企业效益的重要原因。管理有效性不高，必然影响企业管理绩效，从而造成企业的低效益，甚至严重亏损。同样的经营环境，同样的产品，同样的技术设备，为什么有的企业亏损，有的企业赢利？归根结底，是有的企业管理有效性高，有的企业管理有效性低。凡是亏损企业、效益较差的企业，往往表现出内部管理混乱、人浮于事、管理体制不科学、管理人员明争暗斗、管理机关指挥失灵、产品经营不稳定、劳动纪律松懈等共有的管理低效性。提高管理有效性是提高企业效益、改善管理绩效的必要条件，企业家及其管理人员务必充分认识管理有效性在企业经营中的重要作用。

3.1.2 战略的有效性

战略管理时代的企业为了实现战略愿景和宗旨而制定企业的发展战略（本书称之为"既定战略"），战略的制定是非常重要的，而战略实施是把既定战略转变为现实的过程，与战略制定相比，战略实施更为重要。战略的有效性是企业战略后评价的重要标准。战略的有效性是指既定战略是否科学、合理，既定战略的实施是否全部或者部分实现了企业的宗旨和目标。企业战略的有效性包括两个方面，一是既定战略之于企业的宗旨和目标是否科学、切实可行，超前或者滞后的战略都是不合时宜的；二是既定战略在实施过程中能否全部或者部分实现是企业战略有效性的另一个体现。企业的战略是在企业家及其领导下的企业高层管理团队制定的企业宗旨和目标，战略的制定必须充分考虑企业的外部环境的多变性，企业内部战略资源基础匹配性，能够适应企业内部和外部环境的变化。企业的战略的有效性受战略形成的影响，同时受战略实施的时间与速度影响。

战略的形成一般主要由四部分组成，即经营宗旨确定、外部环境估定、内部环境估定和战略分析与选择。通过以上四个步骤的工作实现四个目标：明确一个机构或企业的宗旨；建立起若干年之后的奋斗目标；选择适合自己机构或企业的战略；制定实施战略的相应政策。企业的宗旨是非常重要的，外部环境因素分析中最重要的是社会的宏观环境分析。宏观环境分析中应考虑五大变量：经济力量、社会文化和环境、政治和法律、技术、竞争对手。内部环境因素的分析主要包括企业或机构的管理、市场营销、财务、生产、研究和开发以及计算机信息系统的支持。战略分析与选择阶段是企业或机构在战略形成过程中的最后一个阶段，也是最关键的一个阶段。战略分析和选择将决定企业的发展和命运。

(1) 确定宗旨

企业或机构的宗旨是非常重要的，正如美国著名的管理学者彼得·杜拉克(Peter. Drucker)教授认为："经营宗旨如此独特，是造成一个企业或机构经营失败的唯一原因，也是最重要的原因。"[144]那么宗旨的定义是什么？根据美国管理学者 John Pearce 和 Frecl David 两位学者的定义，宗旨是使一个企业区别于其他同类企业的有关企业目的的陈述[145]。美国管理学者迈克·吉尼斯(Vern. McGinnis)教授认为，一个良好的宗旨陈述应包括五方面的内容：明确企业是什么和希望成为什么；在战略上允许企业创造性地发展，而在战术上限制企业进行一些冒险行为；使本企业或机构有别于其他同类型的企业或机构；应指出作为评价企业现在和未来活动的框架；陈述应该准确明白，易于被整个企业或机构所理解[146]。概括起来说，宗旨陈述应包括以下九个方面的内容：利益相关者，产品或服务，市场，技术，关注生存、增长和盈利，哲学，自我意识，对公共事业的关注和对企业内部职工的考虑。

(2) 外部环境因素的分析

外部环境因素分析中最重要的是社会的宏观环境分析。宏观环境分析中应考虑五大变量：

1) 经济力量。美国众多的学者研究表明，共有 27 项经济因素的变化可能给企业带来机会或威胁。核心的经济因素有六大部分：国家宏观经济政策，国民经济发展趋势，三大产业之间的比重和关系，通货膨胀率、利率的水平和价格政策；国民适应经济变化的行为，即失业水平、居民的平均收入、消费与储蓄的比例关系、地区和消费群体的差距；金融政策，货币政策，本国货币在国际金融市场上的价值，银行信贷的方便程度，股票市场的动向；外经贸政策，即进出口情况、劳动力和资本输出的变化；财政政策，即政府的赤字预算、税收政策和外债的承受能力；国际经济的影响，即欧共体、北美贸易自由区政策，最不发达国家联盟的经济政策以及亚洲经济的高速发展、石油输出国组织的政策等。

2) 社会文化和环境。影响企业战略的主要社会、文化、环境以及人口方面的变量多达 34 项，但主要的因素可分为四部分：社会因素，即家庭结构的变化、离婚率的高低、单亲家庭的增加、儿童生长和保健的状况、社会职责感；文化因素，即人们的价值观、士气、风俗习惯、文化传统的行为准则，劳动者的教育水平，对工作的态度变化，职业分布的变化；人口因素，即社会老龄化的问题、人口在民族和性别上的比例变化、人口和地区再教育水平和生活方式的差异；环境因素，即对自然环境的保护、废品再利用政策、水及空气污染、生态平衡和土地沙漠化等问题。

3) 政治和法律。通常影响企业的政治、法律方面的因素有如下几个方面：政府政策的稳定性、税率和税法的变化、企业法、雇佣法、反垄断法、广告法、环保法、关税、专利法的改变。政治运动、国防(军费)开支、进出口政策、政府预算和货币改革，各地方政府的特殊法律规定，对外国企业的态度等。

4）技术。随着科学技术的高速发展，当今社会计算机被广泛应用，国际互联网高速发展，机器人柔性工厂、高效药物、太空通讯、激光技术、卫星通讯网络、光导纤维、生物工程和生命工程等革命性的技术变化已经给企业生产过程和技术带来了巨大影响。技术革新可以对企业的产品、服务、市场供应者、供货者、竞争者、利益相关者和市场销售手段产生极大的影响。

5）竞争对手。竞争对手通常来自相同行业，甄别竞争对手主要考虑对方的强项、弱项、能力、机会、威胁、目标和战略。收集和评价竞争对手的信息是形成战略取得成功的基本条件。但鉴定竞争对手不是一件容易的事，大多数综合型多部门经营的企业一般不提供销售和利润方面的信息，私有制的企业更不出版和公布任何财务和市场营销方面的信息和资料。关于竞争分析中的行业分析，美国哈佛教授迈克尔·波特提出著名的行业分析技术，也称波特分析因素模型，即潜在进入、开发替代产品、供方讨价还价的能力、买方讨价还价的能力和现有企业竞争对手的分析。

（3）内部环境因素的评价

内部环境的分析是对自己组织的长处与缺陷的分析，而内部环境与外部环境不一样的根本点在于，企业或机构内部能够控制自己的内部环境。内部环境因素的分析主要包括企业或机构的管理、市场营销、财务、生产、研究和开发以及计算机信息系统的支持。

1）内部管理分析。管理因素的分析内容主要包括计划、组织、激励、人事和监控五方面，而这五种职能又与战略管理的各阶段是相互影响、相互依赖的。从战略制定阶段来讲，管理的计划职能更为明显，这里所指的计划主要针对企业或机构为将来做好准备的管理活动。从战略实施阶段来讲，涉及到组织、奖励、人事三项管理职能。组织管理主要是指全部的协调权利关系的管理活动，激励管理主要是指调动全体职员积极性的全部活动，人事管理活动主要是指人员安排或人类资源管理。从战略评估阶段来讲，则是管理的控制职能，控制管理是指所有保证实施结果与计划相一致的活动。

2）市场营销分析。美国学者 J. Evans 和 B. Berman 对于市场营销分析指出了 9 项市场营销的功能：消费者分析、购买供应、推销产品或服务、产品和服务计划、价格、流通、营销研究、机遇分析、社会责任。社会责任主要考虑产品的安全性能和产品价格的合理性来考虑。而广义的社会责任是企业管理者对整个社会的进步和保护全社会的利益理应承担的一种管理责任，无论是广义还是狭义的范围，各个机构或企业与社会的各方利益总是有矛盾的，不可能有一个使得每一方面都满意的战略。不过企业所承担的社会责任需要具体分析，类似中国的企业办社会的现象，从某种程度上也阻碍企业自身的发展。

3）财务分析。财务状况是经常被考虑作为一个评价企业竞争状况的最好的衡量标准，确定一个机构财务优势和不足是有效制定战略的基本原则。企业财务因素的变化会改变和终止现有企业战略或实施过程中的战略计划。美国财务教授James Van. Horne提出，财务管理功能主要取决于筹资决策、投资决策和分配决策。投资决策涉及到企业的资金如何在各工厂、各类项目、各种产品三者间分配的问题。一旦战略形成，资本预算决策要求成功地实施战略。筹资决策考虑确定企业的最佳资本结构和包括采取各种有效措施增加企业资本，筹资决策必须考虑近期和长期两方面对流动资金的需要。两个关键的财务比率能够表明一个企业的筹资决策是否有效，一个是负债与股东总资本的比率（也称债务与自有资本比率），另一个是总债务与总资产的比率（也称债务与资产比率）。分配决策主要考虑每股分红，分红支付时间是否稳定，再购买股票或股票的保险。分配决策会影响投资者和股东对企业的投资信心和股票在股市上的表现。

4）生产或运行。企业生产或运行是企业的投入转化为产品和服务的一系列活动。各个行业的市场需求不同，企业的投入加工、生产也不尽相同，但生产运行管理的具体内容是一致的。美国管理学者罗杰尔·斯格洛德尔（Roger. Schroder）提出了生产运行管理中的五项职能或五个决策领域，即加工系统决策、生产能力决策、库存决策、劳动力决策、质量决策。

5）研究和开发。对于研究和开发业务来讲通常有两类，一方面是利用企业内部的研究和开发力量；另一方面是利用外部的科研和开发力量。目前决定研究和开发预算的方法有四种：如有可能，投资所有能够研究和开发的项目；按照总销售额提成投资；与竞争对手投入相等的数量投资；根据需要来确定，即有多少新产品需要替代落后的产品，从而估算投资额。分析企业的研究和开发工作，需要具体分析企业高层管理者和具体管理人员能否抓住时机，看准市场，组织协调，筹集资金，利用企业内外的人才资源共同发展。

6）情报系统。计算机信息系统用于收集、记录、储存、分析、报告来自各方面的信息，回答在制定和实施企业战略管理过程中出现的各种问题。信息管理系统的核心是企业各种类型的数据库以及有关高层管理人员决策过程中所采用的各类关键的数据资料。信息管理系统仅仅有数据库还不够，还需要在此基础上进一步评估，精选其精华，分析和判断企业战略选择所需要的关键数据。

(4) 战略分析与选择

战略分析与选择阶段是企业或机构在战略形成过程中的最后一个阶段，也是最关键的一个阶段。战略分析和选择将决定着企业的发展和命运。通常的做法有三个步骤:第一步为投入阶段,也称基础调研阶段,主要包括内部因素评价表、外部因素评价表和竞争对手的分析表;第二步为组合阶段,也称综合阶段,主要包括SWTO分析组合演变方法、战略定位和趋势变化分析方法(SPACE)、波士顿咨询集团的四方格方法(BCG)、内外环境九方格模型演变方法(IF)和大战略模型方法;第三步为决策阶段,主要包括战略计划的数量模型。

战略制定的分析完成以后,就进行战略选择。在战略选择时必须考虑以下几点:

1) 企业文化。强调战略选择的文化观念,企业文化为职工提供了一种认同感,激励职工为集体而不是只为他们自身利益工作,并能够增强企业作为一个社会系统的稳定性。否则,难以形成执行力文化,影响企业战略的有效性。

2) 政治因素。任何企业都面临政治的压力,来自企业内部的政治压力影响到企业领导选择战略,不少人或一部分小团体的代言人也会将个人的利益、局部利益放在首位,而将企业的利益放在其后。为了使企业高层决策者在战略选择中减少或克服各方面的政治压力,做出最佳战略决策,美国两位学者 Willian Guthand Milltan 提出的五条指导原则会有一定帮助:同等定局、满意度、着眼于长远利益、普遍性原则、寻求在重要问题采用对话的途径。

3) 董事会的作用。传统情况是,大多数的董事会作为局外人并不参与战略管理实施的工作。知识经济时代,这种状况已改变,董事会作为局内人更多地参与机构或企业的战略管理。近来对美国 1 300 家大企业进行调查,近 40%的董事会报告他们实际参与了企业管理过程。在实际生活中,董事会的参与有利于企业的健康发展,同时减少企业内部风险,并能够协调解决企业与社会出现的各类问题。

总之,战略决策者要从各种可行的战略选择中找到一个最佳的选择。在这一决策过程中,主要采取一些定量的方法,但并不是定量方法比较即能达到目标,因为他们决策过程,必将受文化、政治、董事会因素的影响。当然,战略选择结束之后,关键还取决于战略管理的实施和控制。

3.1.3 战略实施的有效性

何谓战略实施的有效性?战略实施的有效性是战略有效性的一个方面,既定战略在实施的过程中是否全部或部分实现了企业的宗旨和目标,是检验既定战略是否有效的一个重要标准。即为了满足企业持续、健康、稳定发展的需要,建立起一个联结战略管理和经营管理的管理系统，使企业的既定战略可以在企业运行过程中得以科学、系统、高效、充分地实施，取得预期成果，同时在战略实施过程中，不断进行战略调整，从而达到战略实施的终极目的——绩效。战略实施有效性要求企业必须做到以下几点：

1）战略实施的组织与领导机制。为了保障战略实施得以顺利实施，可考虑设立战略实施委员会（视情况可设常委会，下设战略实施部常设机构）。战略实施委员会由董事长、特邀专家、CEO、战略管理部负责人等组成，实施战略管理的高级决策，向董事会负责；战略实施部在战略实施委员会领导下开展工作并向其负责。战略实施部应由具备一定能力的专门人员负责，董事会秘书及有关职能部门负责人应配合其工作。应发挥带动战略实施所需的内部领导作用，不断提高实施战略的水平。如果没有郭士纳可能就没有今天的 IBM，正是凭借其非凡的领导能力，郭士纳把 IBM 带出了迷雾，走上了康庄大道。战略的成功需要强有力的领导保证，否则再好的战略也很难推行下去，更不要奢望会有好的结果，因此必须建立相应的系统和相应的机制。

2）战略实施的运行系统。战略实施是化规划为行动的过程，由经营者（企业家）组织实施。该机制的主要任务是对战略实施进行全过程跟踪，及时发现问题，提出解决方案，保证其正确运行。为此，必须对战略目标进行分解。战略目标具有宏观性、全面性的特点，这本身就说明它是一个不可分的整体。战略目标作为一种总目标、总任务和总要求，可以分解成某些具体目标、具体任务和具体要求。这种分解既可以在空间上把总目标分解成一个方面又一个方面的具体目标和具体任务，又可以在时间上把长期目标分解成一个阶段又一个阶段的具体目标和具体任务。人们只有把战略目标分解，才能使其成为可操作的东西。可以这样说，因为战略目标是可分的，因此才是可实现的。战略目标的分解应自上而下，逐层分解，形成部门的子目标，直至最基层的目标，从而实现战略目标的可操作性。

3）建立战略实施的成本控制。建立一个有竞争力、生产能力和资源力量的组织以成功地实施战略。为了保障战略的顺利实施，企业需要为关键的位置挑选有能力的人才，确定组织具有其所需要的技术、核心能力、管理人才、技术诀窍、竞争能力和资源力量，有助于以成功的战略实施的方式组织业务流程、价值链活动和决策制定。将足够的资源投入到对战略起至关重要作用的价值链活动中，预算是企业战略的数字化表现，同时也是战略实施的重要保障。战略的实施必须要有足够的资源支持，尤其是关键的战略活动更是要得到 100％的人力、物力和财力支持。

4）对价值活动进行最佳运作，并不断提高其运作水平。即便是在同一个行业内，企业与企业之间的价值链也是有差别的。不同的战略选择对价值链元素的要求是不同的，在PC行业中，DELL的价值链与其他同类型公司的价值链就是有区别的，这是因为DELL采用的是直销模式，而其他电脑公司采用的是传统的代理模式。DELL的价值链中有它独特的东西，这也是支撑DELL战略的关键。毫无疑问，价值链的活动直接决定公司战略的执行效果。因此，企业要想提高战略执行的水平，就必须通过不断对企业价值链活动进行调整和优化，以提高其运作水平。

5）战略决策支持系统。该系统的主要任务是收集战略决策所需要的信息（包括前期准备、中期补充、后期整理），并加以分析；提出战略决策议题及解决方案；对决策进行准确把握，为把决策方案有效转化为执行方案做好必要的准备，使企业的人员在战略执行过程中能够得到充分的信息支持。信息交流体系作为公司的中枢神经在公司战略执行过程中的作用是无法估量的。及时高效的信息交流可以使管理人员感知现在、洞悉将来，对各种环境因素变化及时做出调整和反应，从而及时发现问题和解决问题，并对战略执行中出现的偏差进行及时调整和修正。

6）战略实施评估系统。其主要任务是对战略实施过程、结果进行分析、总结，尤其对战略实施的阶段性结果，如年度、季度，提出评估结论，以指导下一阶段的工作。同时将报酬和激励与达到业绩目标的实施战略相联系。没有基于业绩目标的考核体系，战略的执行也就失去了严肃性。每一阶段的战略目标是否实现必须要通过企业的经营指标和数据来说话，而基于业绩的考核体系对企业的员工来说就好比是指挥棒，它指引着企业员工前进和努力的方向。如果公司的考核体系与公司的战略不匹配，那么就会出现南辕北辙的现象，公司的战略恐怕永远只会是魏国人心目中的楚国。

7）建立战略支持型的企业文化机制。企业文化对企业战略实施的影响主要体现在其三个方面的功能上：导向功能、激励功能和协调功能。企业文化的上述功能影响着企业员工、特别是企业高层管理者的行为，从而影响着企业的战略实施[147]。正是由于这种影响，与企业战略实施过程中需要采用的其他工具相比，战略支持型文化对企业战略实施的正向作用不仅是高效率的，而且可能是成本最低、持续时间最长的。从这个意义上说，战略支持型文化是企业战略实施中最为经济有效的手段。由于企业文化对企业的战略实施也会有消极作用，因此，必须建立学习型的企业文化，为企业的战略实施奠定思想基础。

3.2 战略实施有效性的评价方法

3.2.1 传统评价方法

目标方法、传统资源方法和内部过程方法是组织有效性评价的传统方法，分别衡量组织不同部分的有效性。

有效性的目标方法是一种逻辑方法，由两部分构成，确认组织的产出目标和估计组织如何更好地达到目标。企业一般依据利润率、成长性、市场份额、投资回报等来衡量业绩，但由于组织具有多重的、相互冲突的目标，确认组织的经营目标和衡量组织的业绩并不容易，如对于一个指标来说是较高业绩，可能对另一个指标来说是低业绩。在目标方法中，组织有效性定义为组织完成其目标的能力；由于组织目标通常是多重性的，并且会存在相互冲突的目标，因此，有效性指标一般不是单一的，而是一组指标；主要的问题在于指标的多重性和完成目标的主观性。目标方法评价有效性时所采用的指标包括全面的业绩目标和多部门目标。企业组织除了一定目标的客观性指标外，有些目标不能进行客观性评价，即存在主观性目标，如社会责任。客观性指标和主观性指标同时存在是采用目标方法时应该注意的主要问题之一。

在系统资源方法中，组织有效性被定义为组织开发环境取得稀缺的和有价值的资源的能力。广义上讲，系统资源有效性的指标一般包括四个方面：讨价还价的情况（组织开发环境获取稀缺和贵重资源的能力）、系统决策者觉察和准确解释外部环境真实特点的能力、维持组织内部日常活动、组织对环境变化做出反应的能力。系统资源方法是组织过程中投入的部分。当业绩指标难以获取时，系统资源方法是有价值的，如对非盈利组织，评价其产出目标是较难的。系统资源方法的缺陷是，对获得资源的使用有时比获得资源的能力更为重要。

内部过程方法中，资源利用的效率和内部功能的协调是考虑的重点。最常用的效率指标是 O/I。Wiliam Evan 提出了一个经济效率的定量评价方法，其主要步骤是，首先确定财务成本、交易和产出；然后，用这 3 个变量构成的比率来评价组织业绩的各个方面。一个有效的组织具有平滑的内部过程。这里，一个有效组织的指标类包括组织的文化氛围，团队精神和合作程度，组织内部的信心、信任和沟通，决策靠近信息源，横纵向的沟通、资料/知识的共享，对管理者激励机制，组织及其各部分间的相互作用等。内部过程方法的另一个指标类是经济效率，Wiliam Evan 提出的经济效率指标变量是财务成本(I)、交易(T)和产出(O)。内部过程方法的不足是无法评估总的产出量和组织与外部环境的关系，同时，评价常带有主观性和较多的非定量指标。

3.2.2 现代评价方法

(1) 利益相关者方法

利益相关者方法是发展较晚的一种方法，主要是通过集中组织外部和内部的利益相关者使组织有效性指标更加完善。利益相关者包括债权人、利益相关者、供应商、雇员和所有者等，集团的满意度是此方法的核心指标。每个利益相关集团因其在组织中的利益不同，所以都有各自不同的有效性标准，评价组织面对各个利益集团的行动，为组织提供了一个全面的评价。利益相关者方法发展的基本观点是，有效性是复杂的、多方位的概念，因而不存在单一的评价方法。利益相关者方法较多地应用于对非盈利组织的有效性评价。有研究表明，利益相关者方法对有效性能够给予较准确的反映，特别是关于组织的适应性方面。利益相关者方法的长处在于它采取了有效性的广义概念和将环境因素也作为评价因素，与组织内部因素同等对待。

(2) 组织有效性的竞争价值模型

Campbell(1977)提出的组织有效性定义[148]，由 17 个指标构成。在 Campbell 的指标体系上，出现了很多研究工作，其中有代表性的是 Quinn 和 Rohrbaugh (1983)提出的组织有效性的竞争价值模型[149]。Campbell 的组织有效性的 17 个指标包括：冲突、控制、效率、外部评价、灵活性、成长性、信息管理和沟通、士气、计划与目标设定、生产、利润、质量、准备状态、稳定性、培训与发展重点、环境利用和人力资源价值。

与以传统的组织有效性评价方法为线索定义有效性不同，Campbell 的定义提供了描述组织有效性的结构化基础，而前者是针对组织活动的不同阶段的不同部分定义的，是一类过程化的描述方法。组织有效性的竞争价值模型，是对 Campbell 的 17 个有效性指标进行划分形成的一个三维模型，每一维描述的价值影响评价所采用的有效性指标。这三个竞争价值维度是内部与外部焦点、灵活性与控制、方法与目的。Quinn 和 Rohrbaugh 的研究是根据 45 位组织理论家和研究者对 17 个指标的相似性的判断，按照三个价值维度对指标聚类，从而形成四个组织有效性的主要模型，即理性目标模型、人力资源模型、内部过程模型和开放系统模型。每个模型都有唯一的一对价值概念,同时与相邻的模型共用每对价值中的一个,相对的模型没有共享价值。理性目标模型关注的指标是利润、生产、计划和效率,焦点在外部的和控制性的问题。人力资源模型的指标包括士气、人力资源价值与培训、质量和凝聚力,主要考虑的是灵活性和内部问题。内部过程模型考虑的是稳定性、控制以及信息管理与沟通方式。开放系统模型的焦点是灵活性和外部问题。对于不同类型或特点的组织,或者在一个组织的不同发展阶段,所考虑的竞争价值重点会有所不同,因而在评价组织有效性时会侧重采用不同的模型。

(3) 生态法

通过生态要求来考虑各种不同的利益。对经济活动提出生态要求可以按两种形式来表达:一方面在输入时其资源要受到限制;另一方面是日益增加的环境保护要求会对企业输出产生影响。因此,对企业的要求在于一是节约使用有限的资源,提高资源的利用效率。二是极力避免污染生态环境。为此,企业科研和投资政策应向环保领域倾斜。这也是降低产品生产与使用成本的基本途径之一。三是奉行质量增长原则。国内外实践表明,奉行质量增长的企业,能获得持续的利润和发展机遇。四是充分认识企业是不同利益的承担者,有许多社会责任,如向股东支付红利和股息,向供货商支付货款,保障雇员的利益,向社会和国家做出贡献等等。这些利益之间会不断地发生冲突,企业要在自身经济利益、社会利益、生态利益三者间取得动态平衡。企业间的合作成为主流,而竞争则退为次要的行为方式。

O. Clinton 作过一项关于组织失败的研究[150]。对美国来自 30 个大企业的 359 名管理者作调查,研究分析组织失败的因素,归纳出 25 个导致组织失败的原因,其中不少因素与组织的有效性关系紧密,或者说就是组织有效性问题的反映。排在前 10 位的原因包括糟糕的沟通、缺乏焦点和方向、缺乏有效的计划、对变化无能、冲突的运行目标、缺乏团队工作、糟糕的客户服务或关系、无效的管理者、缺乏对雇员的培训和发展、消除运行障碍的失败等。从这些有意义的研究可以看出,提高组织的有效性,避免失败,是企业成功的重要基础;有效才能够卓越。

为了使组织保持成功,最重要的仍然是为利益相关者生产产品——拥有人们想要的且能很快以竞争价格得到的产品和服务。然而,在快速变化和竞争加剧的环境中,如何使组织更有效地完成设定的目标,是一个基础性问题。组织有效性的研究和提高有效性的组织实践不论在学术领域还是对我国企业和其他组织的发展都是有益的。尽管对组织有效性有多种不同的定义、解释、模型和评价方法,但这也从另一个侧面反映出研究的必要性和应用的广泛性。因为组织是庞大的、多样的和分散的，且同时从事多种活动，追求多重目标，产生多样结果，所以不存在对每个组织都适用的有效性评价方法。

3.2.3 本文研究所采用的评价方法

战略实施有效性的考量方法直接影响到战略实施的有效性。因此，构建具有中国特色的战略实施有效性方法迫在眉睫。本文基于现代与传统的评价方法，提出自己所赞同的评价方法。其思路基于加强企业战略实施有效性评价理论的基础研究，构建战略实施有效性系统的理论框架，并界定有效性的不同主体与视角。在此基础上，加强国内外有效性方法的比较研究。针对中国目前的评价方法，借鉴NEVA(净经济增加值)和平衡计分卡评价的成功经验，寻求符合中国特色的战略评价指标体系。其中，需要运用定量计算与定性分析相结合的方法，确定指标体系的合理性与权重大小。最终的目标在于，建立适应多元主体的企业经营业绩评价指标体系，并使评价模型适宜计算机程序化运作。

(1) 建立战略实施有效性评价指标应遵循的原则

1) 科学性原则。科学性原则主要体现在理论与实践的结合并采用科学方法等方面。在设计有效性指标体系时，既要有先进、科学的理论作为指导，又要能够客观准确地反映出战略有效性的实际管理工作情况。

2) 系统优化原则。战略实施有效性的评价是涉及到人、事、物等诸多因素的复杂系统工程。因此，系统优化原则要求评价指标体系要兼顾各方面的关系，各项指标必须反映不同侧面的相互关系，尤其是要突出企业家与企业经营业绩的区分与联系。

3) 通用可比性原则。在评价性指标选择时，不仅同一企业部门有效性之间可以相互比较，不同企业的企业部门之间也可以进行比较。这就需要注意评价指标在计量单位、路径及其方法上的标准化，尽可能剔除不确定性因素和特定环境对战略实施有效性的影响。

4) 目标导向性原则。对企业战略实施有效性的评价，其目的并非简单地评价优劣，更重要的在于引导与激励企业家以及高层管理团队提高自身经营管理水平，促使企业家战略实施有效性的提升。因此，战略实施有效性的评价指标应是兼顾长期与短期、效益与规模相结合的有效性评价目标。

5) 可控性与激烈性原则。对企业战略实施有效性的绩效评价必须将评价范围限定于企业所能控制的范围之内。即使某项评价指标与企业战略执行目标紧密关联，如果战略实施有效性的评价部门无法对它进行有效控制（比如，出现强董事会），无法对战略执行的完成情况负责，用它来评价企业战略实施有效性也是不妥当的。另外，指标水平应对企业发展和壮大具有一定挑战性，能够激发企业员工的工作热情和潜能。

（2）建立战略实施有效性评价指标应注意的内容

1）战略实施有效性评估必须克服短视的战略行为。由于战略管理注重更多的是企业的长期发展，营造企业的长期发展优势，保持企业的持续长期竞争优势。而由于企业的高层人员任期的相对不稳定性，导致战略实施过程中的战略实施中的短视行为大量出现，即更多注重企业的短期利益和企业各部分的利益。这在一定程度上，损害了战略实施有效性，致使很多富有创意的战略执行难以实施，影响了企业的长期发展。

2）战略实施有效性评价应建立在客观真实的会计信息基础之上。战略实施的有效性一般由企业的经营业绩所反映，其主要由会计系统产生与提供。因此，业绩评价就必然无法脱离会计信息这一平台。业绩评价以会计信息为主要依据，而一定程度上，现行会计信息的局限性制约了业绩评价的发展。业绩评价的发展，亟待财务报告的改进与会计信息内涵的扩展。业绩评价中应注重过程的合法性、合理性以及科学性，并在相关的考核方案设计与业绩评价中注重加强对会计信息产生全过程的考量。

3）有效性评价应包涵企业经营水平与经营者业绩评价。战略实施有效性在一定时期表现为企业的经营规模，企业经营业绩表现为一定经营期间的企业经营效益与经营者业绩，因而其业绩评价应包括企业经营效益水平的评价与经营者业绩评价两个方面。采用多层次指标体系和多因素逐项的方法，全面和深入分析涉及企业经营和发展的诸多要素。构建适用于多元主体的企业业绩评价平台体系与适用于相关主体的分指标体系。

4）业绩评价与业绩管理相结合。重视企业战略管理的有效性，加强企业的业绩管理。业绩管理是通过业绩指标的设计、衡量和差异分析来促进业绩提高的管理系统。它可以和业绩评价相结合，形成全员、全过程的管理系统。业绩评价的考核以人为对象，目的是要激励经营者和广大员工。但是，促进人的积极性发挥的根本目的仍然是业绩的提高，并且业绩的提高最终途径和方式仍然要具体到过程和技术因素。所以，业绩评价和业绩管理的根本目的相同，其功能也是相辅相成。

5）充分汲取相关学科养分，创新有效性评价指标体系。未来的业绩评价发展将在寻求企业价值动因的基础上，构建一种科学的框架体系，有效“组合”多种指标，而该体系的构建基础必须是依赖经济学和管理学理论。在知识经济时代，知识成为最重要的资源，业绩评价指标应服务于管理好知识员工、知识资产，反映知识产权研究与开发、商标权、人力资本等方面的指标应纳入业绩评价指标体系，客观评价知识资本所有者的业绩。

3.3 战略实施有效性的路径依赖

战略实施的有效性的路径，简单说，就是企业战略实施的“安身立命”的基础，也就是战略成功实施的凭借。通过影响企业的战略实施的因素分析，详细探讨企业战略实施有效性的路径因素，提出企业家胜任力是企业战略实施有效性的基础，而企业家的胜任力也是企业家执行力的基础，企业家如果缺乏胜任力，就谈不上企业家的执行力，企业家的执行力构成基于企业家的战略实施的路径。

3.3.1 以企业家胜任力为基础

企业战略实施依赖企业家的胜任力和执行力。早期关于领导者的研究主要集中在领导特质、领导行为及情景对领导影响与控制方面。领导特质论研究者通过统计归纳，总结出领导者高度相关的某些特质和特性。如进取心、领导愿望、诚实与正直、自信、智慧及工作相关的知识等；领导行为理论从任务与人事二维分析着手，提出系列领导类型；领导权变理论进一步把情景因素纳入成功领导的研究，并提出了系列领导权变模型。如菲德勒权变模型指出，有效的领导取决于与下属相互作用的领导者风格与情景对领导者的控制和影响程度之间的合理匹配；赫塞和布兰查德则认为，依据下属的成熟度来选择正确的领导风格会取得领导成功。

Robert House，Warren Bennis 及 Jay Conger 和 Rabindra Kanungo 等对领导者魅力进行了全面的分析，综合起来就是具有极高的自信、极高的远见、具备清晰表述目标的能力、对目标有坚定的信念，还有点不循规蹈矩，常作为更新的代言人出现，对环境具有很强的敏感性，这些共同构成领导魅力的重要来源。[151]

中国古代对于领导能力没有特别的研究，更多的关注是“策”和“术”。“能”通常与“德、勤、绩”，连在一起考评。对“能”的测评主要通过实践、观察、比试、测试等来判断“能”。《中国公开选拔党政领导干部考试大纲》认为领导能力包括：计划能力、决策能力、组织协调能力、人际沟通能力、创新能力、应变能力、选拔职位需要的特殊能力。美国领导学研究大师史蒂芬·柯维认为，领导能力就是坚持自然法则和原则的能力，是把握好“罗盘”的能力。[152]迈克尔·E·奎格利认为领导能力应包括“养成提高个人智能的习惯的能力，并要有能力吸收、解释与分析各种对制定战略决策有用的相关信息”。Steinberg 在 1985 提出实践智力(Practical Intelligence)，实践智力是在实际任务完成过程中表现出来的内隐知识，其中最重要的是胜任能力。这种胜任力的测评可以更有效地预测现实工作绩效，所以，McClelland(1973)主张用“胜任力”(Competence)指标来替代传统的智力测验。

胜任力最早由 McClelland 等于 1973 提出。胜任能力是指员工在工作中取得高水平工作绩效的一些特殊品性，这些品性包括：用于职位的一般知识和特殊知识；心理和智力能力；特质，即某种个性类型；激励和需要；自我形象。更进一步，胜任力可以分为内容胜任力和过程胜任力。当时的研究发现传统智力和能力倾向测验与实际的工作绩效没有关系，所以 McClelland 提出胜任力测评以代替传统的测验，并认为胜任力要素是那些与工作或工作绩效直接相关的知识、技能、能力、特征或者动机等，能够较好地预测实际工作绩效。

Shanteall (1992)在“专家综合能力理论”中认为胜任能力依赖于以下五个因素：专业知识、心理特征(强烈的自信、良好的沟通技能、适应新环境能力和工作责任感)、认知技能、决策技能、任务特征。所以管理者的胜任能力是管理者诸项素质有机结合所形成的能力，它表现为管理者凭借自己的道德品格素质、个性心理素质、身体与年龄素质，把知识和经验有机结合，具体运用于企业经营管理过程的能力，同时它受工作背景的影响，会随着管理者的发展或环境的变化而变化，具有动态性。

Kolb, Lublin, Spoth 和 Baker(1986)认为适应性和学习是所有“人——职”相互作用的中心特征，强调管理者的能力和工作要求、环境要求的有效匹配，并提出管理者胜任力的四种类型，即行为性胜任力、概念性胜任力、情感性胜任力和象征性胜任力。伦敦商业学院(Corkerill, 1993)对许多企业进行案例研究，以及对企业资深人力资源专家进行访谈，总结出的包含认知能力、人际关系能力、表达能力和激励能力的胜任力一般框架。王重鸣和陈民科(2001)提出七种企业经营者胜任力因素，其中涉及管理能力的有战略决策能力、激励指挥能力、经营监控能力和关系协调能力。马来西亚政府新近提出领导者的胜任力包括核心胜任力和职能胜任力。核心胜任力是基础,包括领导和授权能力(Leadership and Empowerment)、运用知识的能力(Intellectual Capability)、战略管理和战略策划能力(Management and Planning Strategic Skills)、沟通与人际互动能力(Communication and Interpersonal Skills)、人力资源管理能力(Human Resource Management Skills),以及任务执行能力(Enformance Work Output)。[153]

表 3-1 企业家及其领导的高层团队的胜任力

高层管理团队统计特性	与战略效果关联关系	实证研究者
规模	高层管理团队的规模与高层管理团队认知一致性呈负相关	A. L. Iaquinto, 1997
平均年龄	平均年龄更年轻的高层管理团队更富有冒险精神;更可能实施战略变革;与更高水平的国际化经营相关联	Hambrick & Mason, 1984; Wiersema & Bantel, 1992 L. Tihanyi, 2000
平均任期	平均任期更长的任期有利于高层管理团队内部更好的沟通,实现认知趋同;与更高水平的战略执行相关联	Katz, 1982; Michel & Hambrick, 1992; Smith, et al., 1994; L. Tihanyi, 2000
平均受高等教育程度	更高的平均教育程度与更高水平的战略执行经验相关联	L. Tihanyi, 2000
(国际)经验	经验与业务创新、多元化、国际经营绩效成正相关	Finkelstein & Hambrick, 1996; L. Tihanyi, 2000
高层管理团队异质性	日本企业中高层管理团队拥有更多异质性(含年龄、任期、教育背景),将拥有更高的高层管理团队调整和变更水平	Wiersea & Bird, 1993
高层管理团队调整变更	高层管理团队的人员变更调整与并购绩效负相关;高层管理团队的人员变更调整与企业战略再定位和变革呈负相关	Hambrick & Cannella, 1993; H. A. Krishnan, et al., 1997; Gordon, et al., 2000
任期安排差异	任期差异与创新及国际多元化经营关联很少	Bantel & Jackson, 1989; Smith, et al., 1994; L. Tihanyi, 2000
年龄结构差异	没发现高层管理团队年龄结构差异与战略执行显示相关	Tihanyi, 2000

续 表

高层管理团队统计特性	与战略效果关联关系	实证研究者
受教育差异	没发现高层管理团队受教育差异与战略执行显示相关	Tihanyi，2000
职业背景差异	高层管理团队职业背景差异(具有互补性)与战略执行正相关	Barney，1988；H. A. Krishnan，et al.，1997
认知一致性	公司过去的良好绩效会增强高层管理团队认知的一致性，高层管理团队认知一致会引致高层管理团队绩效提升	Bourgeoris，1980；Dess，1987
认知一致性	公司过去的良好绩效与高层管理团队认知的一致性不相关，但高层管理团队认知一致仍会引致高层管理团队绩效提升	A. L. Iaquinto，1997
内在程序	高层管理团队的内部程序(组织学习、沟通、动态性、冲突、社会凝聚力等)对公司绩效有重要意义	Smith，et al.，1994；Simons & Peterson，2000；Huber

上述这些对领导胜任力的研究与分析主要是通过对领导或领袖进行的个案研究，或对领导群体特质统计分析，或对被领导者期望总结归纳，或研究领导职能的需要等方法实现的。虽然不同研究者在胜任力构成划分上有差异，但都有其实践上的可行性，都可以提高企业家及其管理团队的执行力。事实上，企业家及其领导管理团队的胜任力就是企业执行力的基础。

准确地说，企业家及其高层管理团队的胜任力只是一种潜能，是领导者实现优秀绩效所必需的领导能力与行为。企业经营的有效性是领导能力的反映，是高效率、高质量、正确地指导和引领他人实现某个目标和完成某项任务的能力和行为，也有学者称之为领导的驾御能力。这体现了高层战略管理研究的科学性、艺术性和战略性。基于企业家的战略实施的有效性研究，必须通过企业家及其高层领导胜任力的整合思考，使用领导胜任能力来说明企业战略实施有效性的领导模式。企业家及其管理团队的领导能力集中反映在高层领导的认知决断能力、激励与监控能力、战略调整能力和整合与重组能力。认知决断能力主要是一种战略思维能力。激励与监控能力是领导制度与方案的执行能力。战略调整能力是高层领导对环境变迁的适应能力、战略应变能力以及经营条件的创造能力。整合与重组能力则是高层领导的战略驾御能力的集中体现，具体可以从任务整合重组能力和人事整合重组能力两个维度展开。

企业家的胜任力是企业家执行力的基础，离开胜任力来谈论企业家的执行力是没有意义的，企业家必须注重企业的执行力文化的培养，努力营造企业的执行型文化。基于企业家的战略实施路径主要在于企业家及其高层管理团队的整合重组能力，而整合重组能力必然倚重企业家其他各项能力，与其他能力相互关联、相互交叉，并包涵对其他各种能力的利用、整合和开发。如果企业家缺乏强有力的认知决断能力、激励监控能力和更新能力的支持和保障，企业家的整合重组能力就难以表现出来，企业家就难以运筹帷幄，有效实施企业战略。企业家的胜任力是企业家执行力的表现。

3.3.2 以企业家执行力为路径依赖

经典战略理论虽然注意到内外匹配作为战略计划或战略实施分析的基础，但他们认为资源要适应环境，企业应环境变化而生存，把环境作为企业战略实施有效性的路径依赖来考量。战略产业结构学派循着“结构、行为、绩效”(SCP)分析模式，注重产业范围内五种竞争力的分析来研判战略方案的三大抉择，随后提出价值链分析模式，以期从价值链各环节相关性谋求多角化优势构建。就其核心理论来说，依然是以产业环境作为企业战略实施有效性的路径依赖。企业资源观提出基于资源、能力、知识的企业成长架构。在某种程度上企业资源观就是建立在对恩贝·梅森的SCP结构主义批判和对波特五种竞争力的反思的基础上。例如资源观代表人物Wernerfelt(1984)认为，在一个产业中，市场不均衡是一个常态，由于历史、资源禀赋和战略实施能力等方面的不同，不同企业间会存在很大差异。[154]而在一个特定时期，产业结构的变化会使具有某些要素的企业拥有更多的优势，而那些使自己优势更适应产业变化的企业，将获得超额利润。Rumelt(1982)更直接地指出企业最重要的超额利润源泉是企业内部资源所具有的特殊性，而不是产业间的相互性。[155]Rindova. V P. 和 C. J. Fombrun (1999)进一步展示了基于企业家主观认知和客观要素整合的企业竞争优势构建的框架。[156]

表 3-2 领导执行力文献列表(相关文献整理)

主要能力	能力细化	相关文献研究
认知决断能力	战略思维能力	Guy Hale，1999；项保华，2001
	信息获得能力	Merlin Stone & Neil Woodcock，1995；Peter F. Drucker，1988；H. Mintzberg，1975

续 表

主要能力	能力细化	相关文献研究
认知决断能力	信息处理能力	H. Mintzberg，1975；Frederick Newell，2000；Raymond P. Fisk，StephenJ. Grove & Joby John，2000
	概念形成与判断等能力	Corkerill，1993；GE Corporation，Shanteall，1992；Frederick Newell，2000；Frederick F. Reichheld，1996
	预见未来的能力	H. H. Stevenson，1997；G. Hamel & C. K. Pahalad，1994；J. C. Collins & J. I. Porras，1996
	学习能力	Senge，Kolb，Lublin，Spoth & Baker，1986；Steece，1991，Caplan，1980；T. Teal，1996；Edwin C. Nevis，J. M. Gould & A. J. Dibella；陈劲，1994；R. A. Heifetz，1997
激励监控能力	愿景规划能力	Frederick F. Reichheld，1996；Raymond P. Fisk，Stephen J. Grove & J. John，2000；J. P. Kotter，1990；由长延等，2002
	感召、激发与鼓励能力	S. P. Robins，1996；Frederick Newell，2000
	活动的引导或支持能力	Corkerill，1993
	团队建设能力	Hambreik，etal.，1992，1997；Sanders & Carpenter，1998；Jon R. Katzenbach，1997；R L. Preim，et al.，1999；U. Grunk，2001
	控制能力	Robert House；C. M. Farkas & S. Wetlaufer，1996；H. Mintzberg，1975
	情景利用能力	V. Vroom & P. Yetton，1973
	优化组织结构与管理秩序的能力	Georage Stalk，Philip Evans & Lawrence E. Shulman，1992
	推进制度形成与实施的能力	Robert S. Kplan & David P. Norton，1992
更新能力	环境适应能力	Heller，1981；R. A. Heifetz，1997
	环境应变能力	V. Vroom & P. Yetton，1973；G. Morgon，1998；C. M. Farkas & S. Wetlaufer，1996；由长延等，2002

续 表

主要能力	能力细化	相关文献研究
更新能力	经营条件创造能力	J. P. Cotter, 1990,1996
	推进信息共享能力	David A. Garvin, 1993; 李庆华,2001
	企业内部流程整合能力	Soumitra Dutta & Jean Francois Manzoni, 1999; Joan Magretta, 1998
整合重组能力	整合外部力量创造价值的能力	Nirmalya Kumar, 1996; Donmald V. Fites, 1996; Richard Normamm & Rafael Ramirez, 1993
	企业与利益相关者联系的界面管理能力	Keith Fletcher, Colin Wheeler & Julia Wright; Frederick Newell, 2000
	内部资源整合能力	H. Mintzberg, 1975; Y. Doz,1994; M. Goold, A. Campbell & M. Alexander,1995
	人事协调与整合能力	Ron Karr & Don Blohowiak, 1997; J. Birkinshaw, H. Bresman & L. hakanson, 2000
	业务重组和整合能力	M. Porter, 1985; R. M. Kanter, 1989; A. Campbell & M. Doold, 1998; R. Grant, 1998

上述理论在逻辑上完成了战略经营有效性路径依赖的合理架构。战略实施的有效性是以高层领导者①(领导)胜任力为路径依赖。这也是战略环境观、战略资源观和战略整合观的逻辑顺延与发展,是战略路径依赖由外因转内因,内外整合,再由内因升华到特定层面的必然。这里将主要从资源、能力与知识以及认知过程的内涵来阐释其内在机理。

在许多的战略资源观的研究中,倾向于用资源和能力的混合体来解释竞争力,如伊丹敬之、Montgomery 和 Collis Palepu,[157]但资源与能力可以从本质上进行区分。对企业而言,资源是相对环境而言的概念,是企业可以控制、利用的,或可以通过改变时空、状态及表现形式,以获得价值增值的一切有形和无形的客观存在。

① 本书领导、高层领导均采用“领导实质是高层次管理”的观点,参见王乐夫. 管理、领导概念异同辨析[J]. 中山大学学报(社科版),1999,(3):118-121.

有人直接把资源界定为“社会财富的来源”。Barney (1991)将企业所有资源分为三类:有形资本资源(Williamson, 1975)、人力资本资源(Beker, 1964)和组织资本资源(Tomer, 1987)。[158][159][160] Grant(1991)列出企业六力:资源、财务、实物、人力、技术、商誉和组织资源。[161] Montgomery 和 Collis (1995)还明确提出“价值资源”的概念,认为企业是一个资源的集合体。[162]能力原本是一个心理学范畴,是指行为主体为顺利完成活动而经常、稳定地表现出来的心理特点,而且这种“个性心理特征总是和人所要完成一定活动联系在一起”①,Black 和 Boal (1994)认为企业的能力就是没有明确联系边界的多种资源要素组合。[163]因此我们可以认为能力就是主体(人或人的组织)通过与其他资源相互作用而发挥出来的效能。对于主体而言,这种效能可以是主体能动性发挥的结果,也可能是主体被动刺激感应的结果,当没有表现出来的时候,只能说是主体具备某种潜能。资源之间替代、互补、增益及压制等四种关系(Schoemaker, 1990; Amit 及 Schoemaker, 1993; Robins, 1992)事实上就是主体参与资源组合而表现出来的高能与低能的倾向。在这里,战略资源观把注意力从单个资源转移到多资源组合互动上,并进一步从一般的资源转移到特殊资源——人力资源上,关注人力资源在企业价值增值中的地位。

人力资源在多资源要素组合互动中发挥的功效大小,取决于人力主体自身的技巧、技能和知识(一种特殊资源),特别是隐含在主体身上没有被识别的那些诀窍和隐性学识。因为只有这些隐性的学识才是其他企业难以模仿、替代,易于构建企业的持续竞争优势。这样研究者注意力就从显性归纳进入隐性探索,并从个体学习分析进入集体知识的研究。综合起来就是,能力是资源组合互动而发挥的效能,这种效能发挥大小又依赖于人力特性;而人力特性直接表现为脑力与体力特性;进入后工业时代,以知识含量衡量的脑力较之体力在资源组合互动中又具有更大的功效,所以有人提出,将构建学习型组织作为企业竞争优势的来源(Cohen 和 Levinthal, 1990; Teece, Pisano, Shuen, 1997; Kogut, Zander, 1992; Spender, 1996; Grant, 1996)。

集体知识能否有效作用于企业各种可利用资源,发挥出知识特有的效能,索洛用生产技术要素来测算,但真正的载体是什么要素,熊彼特第一次提出了创新企业家组合功能,也就是突显了企业高层领导在知识整合和调配上的核心作用。Stalk. G., P. Evans 和 L. E. Shulman 等(1992)[164]在总结沃尔玛、本田、佳能和第一银行等一系列企业基于能力竞争的四项成功原则时就明确指出,由于企业得

① 林秉贤. 现代管理心理学[M]. 北京:中国展望出版社,1985:170.

以成功的战略能力是跨职能的，所以，基于能力战略的核心人物是企业的首席执行官。Farkas C. M. 和 S. Wetlaufer 还总结了五种不同的领导方式，提出高层领导在商业管理中扮演着独一无二的角色。[165]这些无疑可以将我们基于企业家的战略实施有效性路径向前大大推进一步。企业里的全部资源、能力、知识要素需要结合环境要素进行统筹互动、整合及驾御，企业不能将这样的任务作为一种经营性事务对待而交给业务经理或企业职员处理，这应该是企业家及其领导团队的首要职责，这也是基于企业的战略资源和知识的特殊人力；也只有高层领导者才可以将整个企业的注意力集中起来，发挥整体集约功效，进而展示高层领导胜任力和执行力作为战略实施有效性战略路径的逻辑递进演化历程。

3.4 战略实施有效性的控制系统

3.4.1 战略有效性的控制系统分析

战略实施有效性的管理系统即保证绩效管理系统与企业发展战略、企业目标和企业文化目标相一致，保证组织员工都能理解并接受，保证在实施此系统的过程中具有较高的效度和信度。影响战略实施有效性管理系统的因素如下：

(1) 系统自身因素

1) 战略实施有效性。强调企业在进行战略实施有效性管理时，应做到奖惩分明，以奖为主；提倡良性竞争，倡导合作。鼓励勇于负责，权责对等；强调质量管理过程中对事不对人的同时，也要以人为本等。

2) 战略实施有效性柔化保障。强调战略实施有效性标准的制定和战略实施有效性分析指标的选取应该具有一定弹性，要根据企业所处的内外部环境的变化而适时进行调整和修正。

3) 战略实施有效性的开放性保障。就是强调战略实施所涉及的员工参与，包括从战略实施有效性计划的制订、战略实施有效性考评到战略实施有效性诊断与辅导全过程都要求做到企业相关员工与主管一起共同探讨、共同商议、互相理解和支持。

4) 战略实施有效性的愿景保障。强调通过倡导持续发展的组织文化，保障战略实施有效性管理系统的有效性。倡导企业的战略愿景，勇于创新，寻求不断改进和不断完善的执行型企业文化，以此来支持战略实施有效性管理系统的实施。

5）战略实施有效性的学习与沟通保障。要求战略实施有效性管理过程中必须做到持续动态性的沟通，必须将学习、辅导与培训贯穿于整个战略实施有效性管理过程。公司必须确立愿景规划，并就企业愿景规划和企业价值观与每一位员工进行沟通；必须设置公司的战略实施有效性目标并细化，并就这些目标以及实现这些目标的行动计划与每位员工进行战略沟通。员工认同企业共同的愿景与价值观时，更容易做到与企业所预期的战略行为。这种战略实施有效性管理系统必将获得员工与企业的共同成功。

(2) 评价过程因素

对战略实施有效性的管理，关键在于选择恰当的评价方法与主体，这两项工作完成的好坏，在很大程度上决定了战略实施有效性管理循环系统的有效性。因此，也构成了影响系统的关键因素。它具体包涵：评价主体的适当性、评价者的误区、评价方法的合理性、战略实施有效性计划的导向性以及评价者与员工之间的战略沟通程度等方面。评价主体选择不恰当，评价者个人素质与心理因素以及他们对评价系统的错误认识，不仅会影响到评价结果的准确性，而且也会影响到员工对企业期望的理解，从而对整个组织的战略实施有效性产生不良影响。

战略实施信息不畅，甚至没有战略性沟通，或者相关的考评被员工认为是突然检查，这些都难以让员工了解战略实施有效性考评的重要性，使员工在思想上对企业的战略实施有效性产生障碍。这也会转化为战略实施有效性管理中的顽症，须引起企业家与高层管理人员的充分重视。

(3) 企业的内部环境因素

战略实施有效性管理系统实施的内部环境因素，是战略实施有效性管理系统有效性得到正常发挥的瓶颈，对战略实施有效性管理系统产生了重大影响。具体而言，这些因素包涵：组织的战略实施有效性管理理念、企业家及其高层管理团队的重视程度、企业内各部门的配合程度、员工的参与程度以及企业制度的完善程度等方面。当前，很多企业将战略实施有效性考评与人员考评糅合在一起，混为一谈，这种错误的战略实施有效性管理观念，对管理者产生了误导作用。它使得管理者错误地将战略实施有效性考评看作是人员考评，过于偏重人的德、能、勤、绩，采取了对人不对事的态度，这恰好违背了战略实施有效性管理系统所倡导的以事实为导向、对事不对人的合理定位原则。因此，也会导致战略实施有效性管理系统运行的失控。

战略实施有效性管理系统的运行需要企业的战略资源与之匹配。另外，企业缺乏公开的反馈机制，将使得员工得不到持续的反馈，使他们看不到战略实施有效性评价的意义，就会逐渐丧失参与并配合实施有效性评价的热情。这样也会导致整个战略实施有效性管理系统的失效。

(4) 企业的外部环境因素

由于战略实施有效性管理系统是企业战略管理系统中的子系统，所以，影响企业战略管理系统的因素除内部因素之外，还会受到组织外部因素的影响。因此，组织所处的外部环境不可避免地会对战略实施有效性管理系统产生影响。这些因素包涵政治、经济、劳动力市场以及科学技术、文化等各个方面。例如，市场经济的发展以及科技的发展，改变了传统的社会职业与就业模式，就业岗位由原先的制造业与农业转为了服务业与电信部门，这都导致许多企业组织不得不通过裁员来削减工作岗位。在这种裁员的大背景下，可能会对企业员工的态度与能力产生一定消极作用。甚至使得他们对企业运行的战略实施有效性管理系统产生抵触情绪，不愿很好地配合相关人员的工作。最终，可能导致战略实施有效性管理系统难以发挥有效作用。

3.4.2 战略实施有效性管理系统的保障措施

必须建立战略实施有效性的保障措施，确保企业战略实施有效性管理系统的正常运行。为此，必须从企业战略实施的各个方面来保证战略实施的有效性。

(1) 战略层面的保障措施

1) 战略实施有效性导向保障。强调企业在进行战略实施有效性管理时，应做到奖惩分明，以奖为主；提倡良性竞争，倡导合作；鼓励勇于负责，权责对等；强调质量管理过程中，对事不对人的同时也要以人为本等。

2) 战略实施有效性柔性化保障。强调战略实施有效性标准的制定与战略实施有效性指标的选取应当具有一定的弹性，要根据企业所处的内外部环境变化而调整和修正。

3) 战略实施有效性的开放性保障。强调战略实施所涉及的员工参与，包括从战略实施有效性计划的制订、考评、诊断以及辅导全过程都要求做到企业相关员工与主管一起共同探讨、共同商议，最终形成互相理解与支持。

4) 战略实施有效性的愿景保障。通过强调倡导持续发展的组织文化，保障战略实施有效性管理系统的有效性。它倡导企业的战略愿景，勇于创新并不断改进，不断完善执行型企业文化，以此支持战略实施有效性管理系统的实施。

5) 战略实施有效性的学习与沟通保障。要求战略实施有效性管理过程中，必须做到持续动态的沟通，必须将学习、辅导以及培训贯穿于全部的战略有效性管理过程中。公司必须确立愿景规划，并将其与每位员工进行沟通；必须设置公司的战略实施目标并将其细化，同时就这些目标以及实现这些目标的行动计划与每位员工进行沟通。员工认同企业共同的愿景与价值观时，更容易做到与企业所预期一致的行为。

(2) 战术层面的保障措施

1) 战略实施有效性的灵敏性保障。要求战略实施有效性考评体系必须考量到企业短时期的利益，又要兼顾企业长期利益的一致性，形成能够容易区分战略实施有效性好坏、员工优劣的战略行为的辨识能力。

2) 战略实施有效性管理系统的可接受性保障。强调在战略实施有效性考评体系设计时必须考虑到组织中存在的各种人际关系，所形成的系统必须取得所有与实施有效性管理系统相关人员的支持与理解。

3) 战略实施有效性管理系统的实用性保障，强调战略实施有效性目标的制定应该建立在战略实施有效性标准的基础上，结合员工个人的实际情况作出安排，要向员工提出一个切实可行的工作目标与方向，以激发员工更好地实现管理者的期望。

4) 战略实施有效性管理系统的制度保障，包括战略实施有效性管理系统本身和与之配套的制度保障以及战略实施有效性考核制度保障。它是保证战略实施有效性管理系统有效运行的硬件措施。

(3) 执行层面的保障措施

1) 建立战略实施有效性的培训机制，对使用战略实施有效性管理系统的人员进行培训。保障战略实施有效性管理系统的培训内容应包括如何确定战略实施有效性指标和设定战略实施有效性标准、如何跟踪和搜集与战略实施有效性指标有关的数据、如何进行战略实施有效性反馈面谈、如何奖励优秀的战略实施有效性。人际沟通和说服的技能，指导与激励的技能。常用的培训方法包括演讲法、案例研究法、情景模拟法以及行为示范法等。

2) 战略实施有效性的监控机制。主要包括战略实施有效性诊断以及指导监督两个方面。它强调管理者要通过与员工的相互沟通来分析引起各种战略实施有效性问题的原因，帮助他们排除工作中遇到的障碍，并对他们进行业务指导并及时调整目标以提高战略实施的有效性。

3) 战略实施有效性的反馈机制。主要指在管理者与员工之间进行战略实施有效性反馈面谈，使员工充分了解和接受战略实施有效性评价的结果，认识到自己的优点与可以改进的地方，并由管理者指导员工制订战略实施有效性改进计划。反馈面谈应该贯穿于战略实施有效性管理的整个过程之中，以确保员工的工作活动以及工作产出与组织目标之间的一致性。

战略实施有效性管理系统的建立，有利于提高企业战略实施的有效性，其与总体的经营战略密切相关。在企业内部开展战略实施有效性评价的关键在于，从长远角度考虑企业的经济利益，能够建立一套比较全面的反映经营者与对企业业绩增长的有效评价体系。对那些优秀的战略实施有效性部门与个人，应加强激励力度，给予适当的诱因，促使其更好地为企业服务。

本章小结

通过对管理有效性、战略的有效性和战略实施的有效性的分析，说明战略实施有效性是企业战略实施的标准。总结了传统的战略实施的有效性的评价方法：目标方法、传统资源方法和内部过程方法；及现代评价方法是利益相关者方法、组织有效性的竞争价值模型和生态法。同时，提出了本文的评价方法。此外，对战略实施的路径依赖进行了分析，认为战略实施有效性的路径以企业家胜任力为基础，以企业家的执行力为路径依赖。最后，提出了建立战略实施有效性的管理系统，加强对企业的战略实施有效性管理。

第四章　企业战略执行力分析

本章引言

本章通过对战略执行力的界定，提出执行力的理论框架，指出战略实施的核心领导必须是企业家，提出构建基于企业家执行力的理论分析模式，基于企业家的战略实施是企业战略实施的主导范式。通过对中国企业战略实施现状分析，对战略执行存在的问题和战略行为缺陷进行剖析，并提出相应的对策。对战略实施的高层管理团队的重要性进行分析，提出企业家领导的高层管理团队构建的内容和优化措施。战略支持型的执行力文化是战略执行力理论的重要内容，必须重视基于企业家的企业战略执行力文化的构建。

4.1　企业战略执行力

长期以来，企业界和学术界都曾强调过战略制定的重要性，可是，人们对战略执行这个领域所倾注的热情和关注较战略管理的其他领域要少得多。在过去几十年中，许多企业战略研究者和经济学家花费了大量的时间和精力研究在竞争的市场上如何制定高品质的企业竞争战略。他们开发了大量的技术方法和理论框架，从不同角度来分析不同产品和服务的相对优势，极大地丰富了人们对于战略制定及其形成方式的认识和理解，层出不穷的战略理论形成了竞争战略的理论丛林。然而，这些研究往往都直接将战略与绩效联系起来探讨企业战略对于经营业绩的影响，而忽略了执行，假定输入正确的战略就自然会输出理想的结果。尽管在战略管理研究领域中，有部分学者一直强调战略执行研究需要更多的关注和投入，而且他们中的一部分人也已经开始了一些探索性的研究，但到目前为止直接对战略执行进行研究的文献还为数较少。时至今日，人们对于如何有效地执行和控制既定的战略仍然知之甚少，在这一领域的投入和努力对学术界和企业界都颇具价值。

每个企业都有它自己的战略，这个战略一般是以一个或者一组目标来表示。企业的管理者会采取相应的人、财和组织保障等措施来实现这些目标。然而，一些企业尽管制定了完美无缺的方案，却收不到预期的效果；一些企业领导大事小事亲历亲为，事必躬亲，反而得不到大家的认同，使整个事情弄得更糟；一些企业小心翼翼，费尽心机，却被对手抢占先机。同样的计划，同样的策略，得到的却是相反的结果，业绩却是大相径庭，原因何在？答案是企业的战略执行与战略执行力使然。

4.1.1 执行力

战略实施被称作企业战略管理缺失的一环。[166]战略制定固然重要，战略实施却是把战略变为现实的战略管理过程。自美国学者拉里·搏西迪（Larry Bossidy 2003）与拉姆·查兰（Ram Charan 2003）所著的《执行——如何完成任务的学问》中文本出版以来，中国国内掀起了一股“执行”风潮，企业界和学术界对“执行”与“执行力”的关注达到了无以复加的程度。2003 年被企业界称为“执行年”。为何执行力能引起如此大的关注？因为它揭示的恰恰是中国任何类型的企业都必须面对的问题。执行力是决定企业成败的一个重要的因素，是 21 世纪构成企业竞争力的重要组成部分，中国的企业正在以空前的速度迅猛地成长着，成绩是巨大的，许多企业已经成为跨国企业。但是许多企业依然面临着严峻的挑战，要使企业保持持续竞争优势，必须更加关注企业的执行能力。事实上，在大多数情况下，战略本身并不是企业失败的原因，企业战略之所以失败，根本原因在于企业战略没有得到很好的执行。我们知道，再美好的企业愿景和战略规划，如果没有扎扎实实地落到实处的话，最终都只能是镜中花和水中月；再完美的设想和再宏伟的战略理念，如果不能得到切实执行的话，也只是纸上谈兵。执行应当是企业领导者的重要工作，任何有意义的变革都只能来自于实际的执行工作，企业战略更是如此。

何谓“战略执行”？战略执行是如何把一个企业的战略规划转变成现实，或者说把企业的愿景变成现实的过程。执行的核心流程是人员流程、战略流程、运营流程。[167]

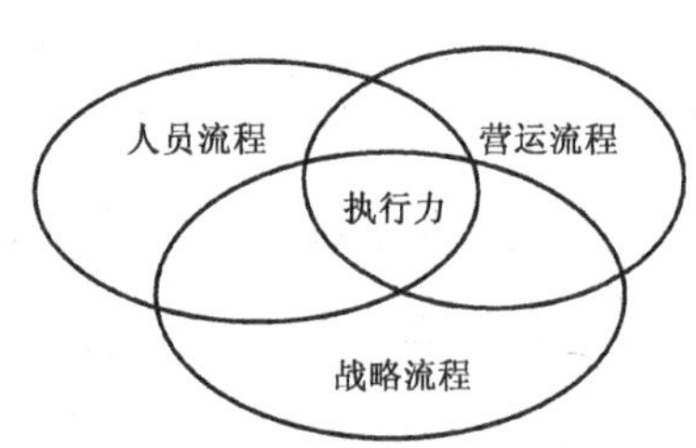

图 4-1 战略执行的核心业务流程

关于执行力，学术界和企业界的看法不同。联想的柳传志认为“执行力就是任用会执行的人”；[168] GE 的杰克·韦尔奇认为“执行力就是消灭妨碍执行的官僚文化”；[169]DELL 的迈克尔·戴尔认为"执行力就是在每个环节都力求完美，切实执行"。[170] 余世维认为"执行力"就是"企业贯彻落实领导决策、及时有效地解决问题的能力"，[171] 还有比较学院化的理解就是"执行并实现企业既定战略目标的能力"。[172]

综合以上观点，我们可以这样定义执行力：所谓执行力就是将愿景战略或目标迅速转化为实际行动并取得正确结果的能力。执行力是企业整合资源的能力，是企业文化的核心元素，而领导者即企业家的执行力是企业组织执行力的基础。一般认为，假定企业的既定战略或目标是科学有效的，执行力主要有以下几个关键要素：①有效性：执行的过程应该具有有效性，在既定时间内实现执行之目的，超越时限就是缺乏执行力；②正确结果：执行力输出的结果一定是正确的，不正确或不理想的结果也同样可以视为缺乏执行力；③组织能力：执行力是一种组织能力，是组织内个体执行力的矢量之和。

可以这样区分执行与执行力：执行是一种流程要求，执行力来自执行主体本身的能力，来自企业组织功能的能力，决定它的是影响执行主体行为的企业文化。执行力不在于流程，而在于影响流程的人的战略思维能力。执行要从最高领导人即企业家做起，企业家是战略制定者和把战略转换为现实的推进者。有效的战略执行依靠的是有效率的组织结构和与战略相匹配的资源，战略执行的效果与战略实施的首席执行官（企业家）、企业的战略支持型的执行文化与战略实施的执行激励机制具有密切的关系。实践证明，成功的战略实施是以企业家作为战略实施的首席执行官，战略支持型企业文化和科学的激励机制可以大大提高企业的战略执行的有效性。

我们现有的经济理论和管理理论中，不乏企业的经营战略、人力资源管理、运营管理等各种方法和技巧，但是，却很少有人关注这三者之间的相互联系和结合，而将人员、战略、运营这三个流程结合起来，正是执行的精髓所在——因为执行力起到了将这三个核心流程有机地结合在一起，成为闭环的整体的作用，使得企业的战略及运营计划最终得以实现——这恰恰是许多企业战略管理过程中"缺失的一环"。科学的程序是企业执行力的有效保障。在执行过程中运用战略沟通把三个流程连接起来，从而顺利实现企业的战略执行的目标。

执行力整体上表现为"执行并完成任务"的能力，对于企业中不同的人要完成不同的任务需要不同的具体能力。笔者认为企业的执行力是一种合力，严格说来它包含了战略分解力、战略认知力、战略应变力、内在驱动力、行为控制力、绩效评估力，这六种"力"实际上是六种职业执行（做事）技能，对于企业中不同位置的个体所需要的技能需求并不完全一致（见表4-1）。

表 4-1 战略执行力的分解

分类	战略分解力	战略认同力	战略应变力	内在驱动力	行为控制力	绩效评估力
高层管理者	高	高	高	高	高	高
中层管理者	一般	较高	较高	较高	高	高
基层管理者	较差	一般	一般	一般	较高	较高
一线员工	最差	较差	较差	一般	一般	一般

4.1.2 战略执行

战略执行是任何企业在企业的生命周期的不同阶段都要面临的最大问题。战略执行是一整套非常具体的战略行为和技术，战略执行能帮助企业在任何时候建立和保持企业的持续竞争优势。而执行本身就是一门学问，因为人们永远不可能通过思考养成一种新的实践习惯，而只能通过实践来学会一种新的思考方式。[173]战略的错误可以导致公司的失败，但战略的正确却并不能保证公司的成功，成功的公司一定是在战略方向和战略执行力上同步到位。[179]许多公司是在几乎同样的战略方向下在竞争中拉开了距离，战略执行力在公司的发展中起到了更持久的作用，它不仅可以执行战略，而且可以在过程中巩固、优化战略的方向。

战略执行已经成为困扰中国企业最高管理者最重要和最紧迫的问题之一。[180]随着企业产权制度改革的不断深化、市场化改革进程的逐渐提速以及科学技术的迅猛发展，中国的市场竞争程度已越来越高，企业面临的市场竞争强度和压力远胜于以前。自中国加入 WTO 以后，经济全球化浪潮的澎湃之势已然汹涌而至，越来越多的行业和市场已逐渐向国外企业放开。尚处于初创和成长阶段的中国企业在应对国内竞争对手的同时，还要面对在成熟市场环境下锤炼出来的跨国企业的强大攻势。企业战略的制定与执行问题从来没有像现在这样严峻地摆在中国企业面前。诚然，中国企业的战略规划水平尚有待于进一步提高。但是，在战略意识逐渐成熟的过程中，有效地执行既定的战略才能为企业赢得更多成长与学习的机会和时间。执行能力的不断增强反过来也会促进战略制定水平的提高，企业才能不断在制定与执行战略的轮回中逐渐从稚嫩走向成熟。

影响企业战略执行力的关键因素包括战略产生的过程、战略执行的组织结构设置、战略执行过程的沟通机制、战略执行过程的控制、战略绩效考评系统、企业的激励机制和对企业的利益相关者的激励等。因此，必须构建企业战略执行力的理论研究框架。

4.1.3　战略执行力的理论框架

构建战略执行力的理论框架，在此基础上总结在中国目前特定的发展阶段企业战略执行的现状及其对策，将使理论和实务界能够从一个新的视角对企业战略执行力进行更全面和深入的思考。这也将加深人们对于企业内部战略管理活动的认知，推动中国企业战略执行力的提升，从而促进中国企业整体战略管理水平和意识的提高。如图 4-2 所示，战略共识、战略协同和战略控制概括了战略执行过程中三个阶段的核心目标与能力，共同构成了企业战略执行力的三大核心要素。

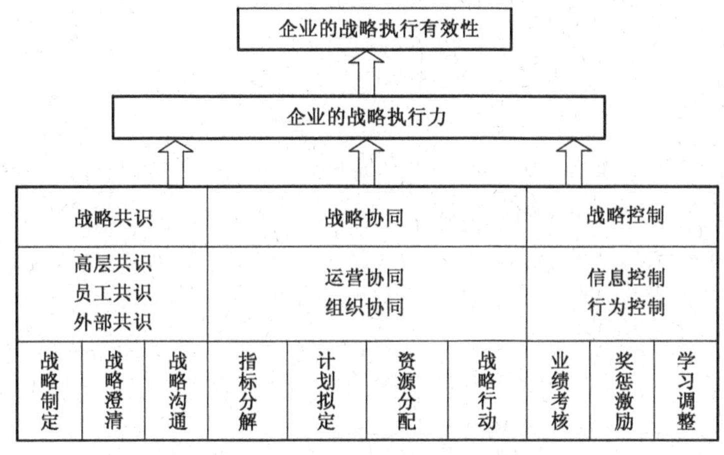

图 4-2　企业战略执行力的理论研究框架

企业能否将既定战略有效地实施取决于其战略执行力，[176]即在战略执行过程中运用各种战略资源和组织机制实现战略目标的综合能力。战略执行力由战略共识、战略协同和战略控制三大战略要素构成。战略执行过程由多项相互衔接的步骤组成，包括战略制定、战略澄清、战略沟通、目标分解、计划拟定、资源分配、战略行动、业绩考核、奖惩激励与学习调整。战略共识是企业在战略制定、澄清和沟通过程中所实现的各层级员工和外部利益相关者对公司目标和战略的认同感和责任感。战略协同是战略执行的关键所在，反映的是企业通过目标分解、计划拟定、资源分配和战略行动所实现的经营活动及组织形式与战略的协调一致，其目的是使战略在日常经营活动中得到充分的贯彻实施。战略控制是对战略执行进程进行有效追踪和调整，并依据与战略挂钩的业绩考核制度奖惩战略实施的行为主体，使整个企业的运营始终能够朝着企业既定的战略发展方向进行。

(1) 战略共识

企业各层级员工对战略的共识对公司战略的成功执行有重要影响,共识程度越高,战略执行的效果就越好。[182]战略共识反映的是在组织内不同个人与部门对使命、愿景及战略的共同认识和责任。没有共识,公司的战略行动将缺乏合力,不同方向的牵引力将会引致和加剧组织内部的摩擦,无谓地消耗时间和资源,致使战略目标无法实现。

战略共识可以从认知和情感两个角度来加以分析。从认知的角度看,管理人员如果对战略没有共同的理解和认识,就无法在他们当中建立共识,导致个体的努力缺乏协调性。另外,从情感的角度看,管理人员在理解的基础上是否认同既定的战略计划,则取决于他们是否认为战略符合其所认同的公司及自身的最佳利益。

在企业内部,共识的范围(谁需要对战略达成共识)和内容(需要对什么达成共识)是战略共识的重要维度。战略共识不仅要有明确的目标和对象作为依托,其广度和深度也对战略执行的效果有着重要影响。研究表明,战略沟通过程中,高层管理人员与中层管理人员不但对战略的认知存在差异,而且会相互影响。许多企业往往无法在组织内的各个层面上都建立起充分的战略共识。许多一线的管理人员常常对高层管理者的战略努力无动于衷,甚至将这种努力视为一种威胁。组织内对战略持不同立场的小派系越明显越对立,战略执行受到的阻碍也就越大。另外,有效地执行战略还需要在组织外部建立相应的共识,以利于与关键的外部利益相关者的合作。如果不能与关键的外部相关利益者进行充分的沟通形成共识,一些影响战略执行的重要的外部要素就可能会受到阻碍和破坏,致使内部战略执行的努力付之东流。

(2) 战略协同

经营活动与战略的协同是执行的核心。许多战略管理研究文献都提到,企业战略执行效果差的关键因素之一是经营活动与战略脱节,战略无法贯彻到企业的日常经营活动中。[183]因此,有效的执行要求有一套系统的方法,能将模糊的愿景和战略转化为可供执行的目标和举措,使战略得以转化为切实的行动。通用的战略管理模型建议,在愿景和战略制定后,企业必须将长期战略目标细分为短期行动目标,并将总体战略细化为各部门的运营计划,根据运营计划拟定相应的投资与经营预算,以保障战略执行的顺利进行。

战略协同的关键在于实现企业经营活动与战略的匹配,使企业的战略意图和计划得到充分的贯彻和实施,将整个企业的日常经营活动紧紧地围绕公司的战略目标而展开。Kaplan 与 Norton 建立的平衡计分卡作为战略实施的工具，以财务层面、客户层面、内部层面、学习与增长层面为核心实施企业的战略，以及此后延伸发展出来的战略地图，为实现战略协同提供了颇有价值的思路和工具。平衡计分卡的核心就在于将公司战略分解并转化为可感知的计量指标体系，据此实现日常经营活动与战略的衔接并管理战略执行。日常经营活动与战略衔接得越好，战略得以执行的力度也就越强，执行的效果也就越好。

然而，战略执行所需协调的经营活动纷繁复杂，涉及企业管理的方方面面。众多的头绪使得全面、长期地执行企业战略困难重重，往往顾此失彼。Porter(1984)的企业价值链模型和 Kaplan(1996)与 Norton(1996)的平衡计分卡模型都建议将组织内不同的管理活动分为两大类：其一，为与企业价值创造直接相关的主要运营活动，包括入向物流、生产、出向物流、营销与销售、售后服务等；其二，为有助于推动内部运营流程得以实现的组织基础，包括组织结构的设置、决策权的分配、人力资源管理以及信息系统管理等。企业要想通过低成本或差异化战略实现其竞争优势，必须依照战略的要求设置关键的业务流程，突出价值链上主要运营活动中的重点，并针对这些重点提供充分的资源保障。同时，主要运营活动的有效开展离不开组织基础。只有依据战略需求，合理地设置组织架构以保障关键业务流程的顺畅衔接，在不同管理层级间恰当地分配决策权降低信息成本并提高决策效率，充分地培养员工技术及领导能力并建立完备的信息系统，才能保障运营活动的重点得以充分实现，进而有效满足客户需求，实现战略目标。因此，企业的主要运营活动和组织基础与战略的匹配决定着战略执行的效果。运营协同和组织协同的程度越高，战略执行的效果越好。

(3) 战略控制

战略控制对于保障战略执行有着重要意义。对战略进程的信息控制及行为控制能够有效地监控和及时调整战略执行的进程和效果。战略控制的质量越高，战略执行的效果越好。

要想有效地执行战略，必须有一个战略信息控制系统，否则，战略进程就有可能会逐渐偏离事先设定的轨道，战略也会因得不到及时的修正和调整而过时，最终导致战略执行失效。在现实的战略管理活动中，许多经理人员都会碰到一个重要的问题，即如何对战略执行的进程和效果进行追踪和评估。战略是一个有可能帮助企业从现状过渡到战略目的地的预定途径，同时也是一个假设。它有可能将企业带到目的地，但也有可能使企业误入歧途。随着内外部条件的变化，企业的发展常常会偏离预定的方向。这时，缺乏有效的战略信息控制系统会导致企业错误地判断既定战略的合理性和有效性，进而更加努力地实施已经不合适宜的战略，危及企业的发展甚至生存。因此，必须对信息进行整合，适时进行企业的战略调整。

战略控制的另外一个重要方面是战略行为控制，即如何将各层级员工的业绩考核和奖罚制度与战略执行相衔接，使员工能够按照预先制定的经营方向从事经营活动。代理理论显示，委托代理关系在不同类型组织的各个层面中普遍存在。代理人与委托人的利益分歧往往会导致代理人在追逐自身利益最大化的同时损害委托人的利益。若要避免和减少机会主义行为，必须设计相对科学的控制机制，使委托人与代理人的利益协调一致。战略制定者要想使战略得到有效执行，就要将员工利益与企业期望的战略结果相衔接。业绩考核和奖惩激励制度与战略执行表现挂钩，会使得员工在主观上追求自身利益的同时，客观上促进企业战略目标的实现，从而实现委托人与代理人利益的协调一致，减少因代理人与战略目标不协调而产生的自利行为，降低代理成本，以保障企业战略的有效执行。

上文从战略共识、战略协同和战略控制三个不同方面分析了战略执行力对于执行效果的影响。战略执行力的三个方面并不是相互独立的，其任何一根支柱的缺失都会导致执行力的下降，进而导致执行效果不佳。三个方面表现不佳的要素数量越多，执行的效果也将越差。它们的共同作用决定着战略执行力的强弱，而战略执行力的强弱则决定着战略执行的效果。

4.2 战略管理过程中企业家角色

企业家必须对传统的领导角色定位进行变革，传统的企业家只需制定企业的发展战略，而执行是企业其他人的事情。作为企业的领导者，企业家需要一手抓战略制定，一手抓企业战略的实施。企业家是企业战略执行的核心主体，企业家应该重视对企业员工执行力的培养，努力营造企业的执行力文化。

4.2.1 企业家的角色

实证表明，企业的战略执行必须从企业家做起。企业家必须抓好执行的三个核心流程，即制定有效的企业发展战略并进行科学细分，挑选与战略相匹配的管理团队，正确引导企业的运营流程。在企业家领导的组织中，有关企业的发展战略和经营的决策权都集中地掌握在企业家这个首席执行官手中。这两种权力的集中，保证了战略的制定完全是以企业经营上的需求为出发点的，这种情况也帮助企业提高了灵活性和适应能力。[185]在中国市场经济日益完善，企业产品、管理甚至发展战略日益同质化的今天，什么才是一个企业实现基业常青的关键因素呢？企业的市场策略、企业战略非常重要，但企业的整体执行力，尤其是作为企业的最高领导者——企业家的执行力更为重要。这是为什么？因为现实已经证明，基业常青的公司的起家和发家都不是靠所谓的“伟大的构想”和“高明、复杂的战略规划”。[195]这提醒了那些迷惑于靠战略构想实现企业基业常青的人。有的企业，策略和战略非常正确，但是最终它们却难逃失败的厄运，原因就是它们过分迷恋策略和战略而忽视了企业执行力的提高，更确切地说忽视了企业执行文化的建设。事实上，在市场经济越来越规范化的今天，在此消彼长的市场竞争中，大多数情况下，一个企业与其竞争对手的差距不在或者说不完全在策略和战略上，而是在各自执行力的高低上。谁的执行到位，谁就可能比对手更有优势。

作为企业的首席执行官，企业家实际上扮演的是双重角色，既是战略决策的制定者，又是战略实施的首席执行官(需要说明的是有的企业家是站在前台来执行，有的企业家是在站在企业的后台来执行)。既要集权，又要分权，企业家必须在集权和分权之间找到平衡点，而分权过度或集权过度都会给企业带来不必要的损失。企业家不应该把战略制定和战略实施割裂甚至对立起来。企业家在制订企业发展战略的时候，无法确保既定战略能够得到成功有效地执行，而无法执行的战略形成之后只能是“计划计划，墙上挂挂”，没有丝毫价值。另一方面，企业家需要用战略思维的眼光来诠释“执行”，用既定战略来指导“执行”，同时，在实施的过程中，适时进行既定战略的更新。

领导者的执行力为何如此重要？在企业中，领导者或者说高层管理者无疑具有较大的权威性和较高的影响力，他们对执行力的态度和观念会直接或间接地影响整个团队对企业战略执行的理解。如果领导者只注重制定企业发展蓝图、策略和战略，而不重视企业战略的落实，久而久之就会给企业的管理层和员工发出一种错误的信号——领导安排的工作可能并不重要(这在具有两千多年封建传统且官本位思想非常严重的中国，情况尤其如此)。其结果只能是，一项很好的战略计划最后不了了之。

企业领导者，特别是企业家及高层管理者对一个企业执行力的重要，不仅体现在其个人执行力的高低和对企业战略资源的分配和控制上，更体现在他们有效地建立这个企业的执行文化上。执行文化可以说是一项系统而复杂的工程，它包含许多方面，与业绩相挂钩的激励、约束机制，员工的思想观念以及沟通、交流能力等等都是其中的一部分。对一个企业而言，要建立一种执行文化，企业家和其领导的高层管理团队必须全身心地投入到看似日常却是核心的流程(人员流程、战略流程、运营流程)中去,换句话说,也只有企业家及其高层管理团队才有权力和足够的影响力参与到这三个流程中去。比如对话、交流是一个企业执行文化的核心,也是工作的必需,实际上也只有领导者才能左右一个企业中员工对话、交流的基调。因此可以说,企业家是一个企业执行文化的缔造者。从这个意义上讲,一个企业文化内涵是否丰富,层次是否分明,内容是否符合客观实际都与企业家有直接的关系。由于企业家的事务繁多,不可能事必躬亲,真正的企业家应该建立一个富有执行力的高层管理团队和一个中层管理团队。

4.2.2 企业家的执行力

企业家作为企业的首席执行官,既要为企业制定战略,又要亲自领导战略执行。企业家必须做执行型领导,而要成为执行型的领导,企业家首先得对传统的企业家角色定位观念进行变革,培养自己的执行力。

(1) 企业家必须具备执行力

企业家必须具有执行力,世界上绩优化的企业都是拥有着富有执行力的首席执行官。企业家不但要制定企业的发展战略,而且要亲自参与企业的战略实施,否则再好的企业战略也是废纸一堆。执行企业战略的过程中最重要的是企业家必须具备执行力。执行力是否到位既反映了企业的整体素质,也反映出企业家的角色定位。传统的企业家认为管理工作就是下达命令后由下属去实施,不需要执行力。企业家对执行力的培养不能只停留在知识和技能层面上,更应着重于企业家角色定位的观念变革。企业家要培养执行力,应把工作重点放在管理团队上。企业家的执行力是企业实施战略管理成败的关键,实践证明,企业家的执行力能够弥补战略的不足,反之,完美的战略也会死在没有执行力的企业家手中。

(2) 企业家必须一手抓战略,一手抓执行力

企业战略只有成功实施并取得企业预定的效果才能说明该战略的正确性。作为企业首席执行官的企业家,既要重视战略制定又要重视既定战略的及时执行,做到两手抓:一手抓战略,一手抓执行力,两手都要硬!战略和执行对于企业的成功来说,缺一不可,二者是辩证统一的关系,战略是企业未来发展的方向,而执行是企业战略变为现实的手段。企业家不应将执行与企业战略割裂对立起来。一方面,企业家在制订企业战略时应该考虑战略成功实施的可能性,缺乏实施可能性的战略没有任何价值;另一方面,企业家需用战略的眼光诠释执行,执行需要战略指导。所以,企业家必须具有执行力,同时考虑企业的执行力,力争企业的战略与企业的

执行力有效匹配。

(3) 企业家是战略执行最重要的主体

传统领导角色理论强调企业的战略制定,而忽视企业战略的执行。这就给企业家一个错误的观念,那就是企业家的职能就是制定企业的发展战略,至于执行则是企业家领导的企业员工们的事情。其实,战略执行是企业家最重要的职能之一,真正优秀的企业家都是亲自参与企业既定战略执行的。企业环境的多变性要求企业家在执行企业的既定战略过程中能够准确及时地调整战略,及时进行企业的战略调整。只有企业家亲自参与企业战略的执行,企业的发展战略才能贯彻到底,也只有这样,企业家才能制定行之有效的企业发展战略。企业家作为战略执行的主体,并不是要求企业家凡事事必躬亲,而是要求企业家在培养自身执行能力的同时,重视企业员工执行力的培养和提升。企业家的执行力是企业执行力的核心元素,企业家培养和提升自身执行力以及企业员工的执行力是企业组织执行力提升的关键。

(4) 企业家应营造企业执行力文化

企业家必须营造企业的执行力文化,通过企业的执行力文化影响企业员工的战略行为。培养企业的执行力文化,必须拒绝不利于企业战略执行的任何借口。执行力文化良好的企业,其员工一定用心做事情,讲究速度、质量、细节和纪律。国内外绩优化企业都有执行力文化,如美国的GE和中国的海尔都是依靠企业家强大的执行力提升企业的执行力,从而形成企业的执行力文化,使企业走向成功。为了培养执行力文化,企业家必须亲身参与企业的具体运作,卓越的企业家无一不是对企业业务知之甚详。企业的执行力是各个员工执行力的“合力”,只有依靠企业执行力文化使每个员工的“分力”最终汇成推动企业前进的“合力”。

4.2.3 企业家执行力的作用方式

企业家要想建设高执行力的企业,必须构建企业组织的执行力,包含企业组织的执行框架、企业的执行流程、执行团队和企业的执行工具等等。

(1) 企业战略执行力构建框架

企业家的企业战略实施模式与企业家的品质、企业的生命周期和企业发展历程息息相关,科学的管理体制拥有设计合理的组织结构,可以挖掘蕴涵在企业家和员工体内的潜能。高度集权的管理模式能够促进管理者扁平化沟通,但也容易造成管理者之间责任不清、权限不明;民主性较强的管理模式,能够较好地发挥员工的积极性、主动性和创造性,但管理的约束力较弱。企业家应根据企业的实际情况、当地经济发展水平、员工素质及所从事的产业等因素,采取相应的管理模式。但不论采用何种管理模式,企业家都必须努力营造战略执行的有效氛围,形成执行框架。GE前CEO杰克·韦尔奇曾有一个比喻:“企业的组织就像是一幢房子,当一个组织变大时,房子中的墙和门就会增多,这些墙和门就阻碍了部门间的沟通和协调。而为了加强沟通和协调,你必须把这些墙和门拆除。”这就是构建执行框架的理论含义。

企业的健康运行不仅依赖企业家的正确领导,而且依赖企业家领导的高层管理团队的科学管理。随着时代的发展,中层管理团队和基层管理团队的作用显得越来越重要,战略的细分、战术的运用、战略资源的分配和使用、战略结果的考评、企业内部的沟通和协调,尤其是跨部门的沟通和协调,都得依靠中层领导部门去运作。企业战略执行的关键不在于采取何种组织结构,而在于企业各部门之间的协调能力,因此必须构建企业的执行流程,使用统一的执行工具,保证企业所有员工使用相同的语言进行战略沟通。

(2) 建立富有执行力的战略管理团队

企业战略实施需要资金、技术、人才,更需要以企业家为领导核心的管理团队,企业家的统帅作用领导着企业的管理团队,而企业的整体执行力的高低取决于整个战略执行团队的价值取向和整体素质。

培育高效能的执行团队,发挥团队的整体优势,打造高效的组织执行力,客观要求企业家领导的管理团队努力营造企业的“团队协作”的文化氛围,强调战略执行过程原则,即按程序办事,按制度办事,按客观规律办事。执行程序要对“事”负责,而不是对“人”负责,强调遵守执行流程规则,直到战略执行的终端。在战略执行过程中,作为企业的核心人物,企业家尤其要以身作则,遵守执行规则和程序,不能违反客观规律,实现有序管理。企业的管理团队也不能为迎合企业家或股东的需要而不遵守业务流程。客观地说,团队成员必须增强大局观念和整体意识。在工作中应发扬“有人负责我服从,无人负责我负责”的精神,但不主张盲目越位负责,特别是本职工作做不好而盲目越位负责的人,会严重影响组织的执行力。

(3) 明确企业战略管理层的责、权、利

企业家领导的管理层的责、权、利是否明确对执行力的影响很大,不同层次的管理者在享有权利的同时必须承担与其相匹配的责任。一些企业家提倡“约束大于激励”的管理理念是错误的。在管理过程中,有些企业家对下属做任何事都不放心,担心给予个人的权利过大而难以控制局面,刻意形成一种监督机制,要求监督者及时汇报被监督者的一切行为,表面上实施了“放权”,实质上就是不信任,根本就谈不上放权，还美其名曰“用人要疑，疑人也要用”。责、全、利不清往往会导致企业的管理者出现大量越位行为。一些企业的部分管理者为迎合企业领导个人的喜好，不惜花时间和精力去挖掘其主管领导身上存在的问题，以获取企业领导的好感，造成企业低效率的风气。这样的权利结构往往导致企业整体执行力发生 1＋1＜2，甚至 1＋1＜1 的现象。国内的一些管理层出现“内部人控制”现象是导致中国国有企业执行力不强的主要原因。因此企业家必须界定战略执行管理团队的责任，明确企业家领导下的责、权、利，形成高效的战略执行团队。

(4) 制定企业战略执行流程

企业的执行流程包括：战略流程、人员流程和运营流程。其中，人员流程是企业执行流程的关键。人员流程不但要保证与企业短期战略实施相匹配的人才，而且要保证企业执行长期发展战略所需要的未来人才。人员流程的另外一个重要作用是及时发现那些绩效差的人员，并对他们实施技能培训。人员流程是企业战略流程和运营流程的基础，所以它是企业执行流程的重中之重。为了确保企业人才能够人尽其用，必须建立科学的约束和激励机制，加强对员工的约束和战略激励，促使员工对企业和企业的发展战略产生强烈的认同感，从而形成员工与企业之间的心理契约，形成企业高效的执行力文化。

(5) 建立战略执行的管理机制

随着企业的发展和规模的不断扩大，传统的领导方式已经过时，必须建立现代管理模式和管理机制。企业家做企业，诚信是首位，但仅有信誉还不够，必须形成一定的制度保障。要想建立开放、透明的管理制度，需要建立一个顺畅的内部沟通渠道，更重要的是形成规范的管理制度，增加内部管理的公平性。在企业持续发展阶段缺少“人本管理”并不可怕，而缺乏行之有效、人人平等、贯彻始终的制度管理是可怕的，它会导致管理流程混乱。制度制定后的关键是执行。制度制定不等于达到了管理的目的，关键是通过制度实现有序管理，并在战略管理过程中不断完善相关的规章制度。企业员工只有以规章制度为执行原则，才能保质、保量地执行战略。

(6) 创建战略执行工具

执行力强的企业大多拥有非常完善、高效的战略执行工具。如 GE 创建和使用了 QMI（快速市场信息，是用于检测计划实施进度和让企业各部门分享其他部门的信息的工具）、Work-out（群策群力，是 GE 内注重变革、去除官僚作风、解决跨部门和跨地区问题的工具）和 6Sigma（六西阁玛，GE 的重要管理语言，是提高产品质量的工具）等高效的战略执行工具。这些执行工具在 GE 的企业执行文化建设过程中，以及在解决跨部门、跨地区的问题时起到了关键作用。执行工具可以确保执行团队及时找出执行过程中的问题,并且赋予执行团队切实有效的方法来找到解决问题的手段。同时,执行工具保证了这个过程中团队成员能非常坦诚地进行交流和沟通。

4.3 战略执行的高层管理团队

在现代企业中,发挥企业家作用的往往不是一个人,而是一个群体,他们共同组成了企业权力的核心,在此可以将他们称为高层管理团队。虽然从正式职权上来看,他们的权力有大有小,有服从与被服从的关系,有权力和职能的分工,但是他们有很多时间在一起工作,共同对战略事项做出决策,共同实施战略管理。因此,塑造一个高效的高层管理团队并发挥其作用,就成为企业有效实施战略管理的一个很重要的方面。

4.3.1 企业高层管理团队的本质

虽然一个具有战略眼光、具备很高素质和能力的企业家是企业战略管理的关键,但是仅靠一个高水平的企业家并不能保证企业的成功,还必须有一个好的高层管理团队。企业高层管理人员的权力结构和关系对企业战略管理具有很大的影响,权力结构不合理、权力的频繁更迭等,直接威胁到企业的稳定和发展。

从理论上来说,高层管理团队的重要性主要来源于两个方面的原因:一是企业战略管理的复杂性与个人能力的有限性的矛盾。随着企业规模和业务范围的扩大,战略管理变得异常复杂,决策需要的信息和能力也变得多种多样,涉及到许多跨职能问题的处理,而个人能力和经验是有限的,也不可能一直都是理性的。所以,单纯由一个人做出战略决策不仅面临个人能力上的欠缺,而且要冒理性不足和决策片面化的危险。二是企业战略管理的连续性和权力交接方面的原因。作为企业家,往往有多重任务,不可能全天候地扑在战略管理上,更不可能有分身术同时作用于战略管理的不同方面。同时,企业家不可能永远地待在职位上,如果没有一个团队而只是由企业家一人负责战略管理,则他的更换和交替就会造成战略的不连续,会影响到企业的持续健康发展。

现代企业的实践也充分证实了高层管理团队在战略管理中的重要作用。1999财富论坛上海年会上,美国通用电气企业总裁韦尔奇谈到关于如何选拔接班人,他认为不是选拔一个人而是要建立一个团队。联想集团总裁柳传志认为,企业领导人的任务就是“搭班子、定战略、带队伍”。[184]企业是以个人为核心还是以一个团体为核心，是企业在领导人更替后，能否进行良好运转的关键。现在很多企业都是以企业家个人为核心，但是，一个企业要想长远发展，应更注重团体的作用，也就是领导班子的作用。企业没有核心不行，而这个核心完全集中到企业家个人也不行。应该说，个人的作用是很重要的，但也是有局限性的。好的领导人要能充分发挥自己的作用，更要善于发挥好领导班子的班长作用，进而发挥团队的作用。会团结和发挥整个领导集体作用的领导人，才是高明的领导人；只会独断专行的领导人，虽然可能很有能力，但不是高明的领导人，也难以发挥好战略管理作用。

4.3.2　企业高层管理团队的特征

(1) 共同愿景

高层管理人员对组织存在的目的和愿景应该有共同的看法，只有这样，才能为团队成员提供行动的方向、动力和义务。C・Chet Miller 等研究了高层经理的认知差异对战略决策过程的影响，发现经理们之间高度的认知差异对战略决策的广泛性和战略计划工作的延展性都有负面的影响，从而影响到企业的赢利性。[185]在这里，认知差异是指高层管理团队在企业的长期赢利方法、企业的优先目标、确保企业长期生存的最好方式、被认为最重要的组织目标等方面意见的不一致程度；广泛性是指在战略决策中参与人员的数量、人员构成的多样性、备选方案的多少；延展性是指在战略计划工作中是否制定了明确的长期的战略计划，是否包含有特定的目标、长期战略、关键资源、预测和发现计划中存在错误的程序等。在企业的发展过程中，由于人们的能力、价值观、看问题的角度等方面的不同，可能对企业的未来走向有不同的看法，这是正常的。但是高层管理团队，尤其是企业家应该采取办法使团队成员在企业存在的目的和发展愿景上尽量达成一致。即使短时间内不能达成一致，也要采取有效的措施，消除对共同行动的影响。

(2) 高度信任

高层管理团队成员之间应该保持相互信任，相互相信他人的品行和能力。高度的相互信任既是团队成员合作的前提，也是企业家得以授权的基础。一些企业的高层管理团队成员之间相互不信任，为了个体或部门之间的私利，勾心斗角、相互拆台，不但不能形成战略实施的合力，反而影响了战略管理工作的正常开展，使得企业目标、行动路线等的确定不是最有利于企业发展的选择，而是部门之间相互斗争、相互妥协的结果。而且，成员间的相互信任有时又是异常脆弱的，它的形成需要相当长的时间。

(3) 有效的沟通

及时有效的沟通是高层管理团队发挥作用的一个特别重要的条件。要利用现代信息技术,打破时空的限制,实现团队成员沟通方式的及时性和多样化。沟通的时候,团队成员应该以诚相待,以理服人,充分展示自己的观点,不轻易否定其他人的观点和看法,采取科学的民主集中制的决策方式,尽量降低决策的盲目性和片面性。战略涉及到更多的不确定性因素,需要新思想、新思路,更需要的是企业家的战略头脑中直觉思维的判断,很难用过去的经验、数据进行验证,[186]这是战略问题的特点,如果能够完全根据过去类推未来的话,那么也就不是战略问题了。在竞争的市场经济时代,具有竞争力的企业战略的实施是扬长避短、扬长补短,需要利用全新的经营模式,向市场提供有特色的产品,这就需要充分地开发和利用高层管理团队成员的创新能力。由于创新的思想本身有时很难通过历史和现实的经验论证其可行性,在这样的情况下,如果高层团队成员不能进行及时有效的沟通,那么虽然战略的战术和策略很容易产生,但是战略执行的方法和途径却很难得到团队的支持。

(4) 战略实施团队的人员组建

要提高执行力,首先要建立执行力团队,科学合理、互补的能力组合是组建战略实施团队的组织原则,也是企业家有效授权的基础。在组建企业战略执行委员会的过程中,高层管理团队的成员组成方面,应该包括企业战略实施过程中执行各种职能的人员。因为人的能力是有限的,在市场经济竞争日益激烈的中国尤为如此,所以战略实施过程中高层管理团队的成员必须战略能力强,同时能够满足组织战略实施成功所必需的各个特定职能方面的要求,形成战略执行力的互补,这样的团队才最符合知识经济时代的战略实施的客观要求。企业家高级管理团队的成员要做亲力亲为的领导者,要求普通员工做到的事,管理团队成员首先要做到。企业高管执行团队具有以下特点:明确的团队目标;共享团队所拥有的和团队成员所拥有的资源与知识;由实干者、协调者、推进者、创新者、信息者、监督者、凝聚者和完善者等不同的角色组成;共同的价值观和行为规范;归属感;有效授权。同时,团队应当具有以下特质:要有一颗"公心"处处维护企业的利益;要成为业务的领头羊;讲求诚信,说到做到,对客户、对下属都诚实守信;具有预见性;具有煽动性,达到感染别人、说服别人的效果;在困难的时候具有坚忍不拔的毅力;具有吸引下属的魅力和亲和力。

4.3.3 企业高层管理团队的作用方式

针对当前中国大多数企业高层管理团队的现状,结合战略实施团队发挥有效作用的条件分析，为了更好地发挥高层管理团队的战略执行的作用，应该采取相应的对策。

（1）优化权力结构

在产权明晰化和组合科学化的基础上，按照《企业法》的要求，建立真正意义上的现代企业制度，真正实现由董事会聘任或者解聘总经理，根据总经理的提名，聘任或者解聘副总经理等高级管理人员。国有大中型企业的党委书记已可以依法进入董事会，但是要彻底改变企业领导人单纯由上级主管部门或党组织派出的状况。从高层管理者权力的形成上，理顺高官团队之间的权利关系，将追求部门或组织短期目标而损害企业长期发展目标的战略实施的短视行为扼杀在萌芽状态，克服影响高层管理团队进行合作的障碍，在实施企业的战略过程中，使高管团队成为真正团队意义内在规定性的战略执行团队。

（2）用企业家的榜样作用来规范企业高层管理团队的行为

企业家是企业的灵魂和统帅，既是企业战略管理的核心，又是企业战略得以有效实施的主体。目前，企业战略实施过程中存在的许多问题都与企业家的战略行为有关，企业家作用发挥的好坏直接决定了企业的战略能否有效实施。企业的发展和壮大需要团队成员的奉献精神，在企业的一个个战略得以成功实施的过程中，实际上是小胜在智，大胜在德。一些企业可以通过各种手段使得团队成员做出暂时的努力，但要想使团队成员与企业心连心，就必须让团队成员感到企业家不是为了自己的利益，而是为了企业的利益在做工作。一些企业家一边当着企业的老总，一边又在以权谋私，这怎么能使得天天与其一起工作的团队成员具有敬业精神呢？处处将自己的私利置于企业整体利益之上，又怎么能够使得他人与企业同甘苦、共患难呢？一个企业家要想获得长期的成功，把企业从一个成功带向另一个成功，就必须对自己的行为进行约束，要求其他高层管理人员做到的，自己首先应该做到。

（3）根据企业的实际情况，对高层管理团队的职权进行科学分配

随着企业规模的扩大，企业家不可能事必躬亲，尽管他可能在某一些方面具有专长，但是更需要将自己的注意力放在企业整体上，在建立了完善的企业内部管理体系和制度后，最重要的就是实施授权，而授权的前提就是选择可授权之人。在授权方面，不同的企业家有不同的做法。企业家要根据自己企业的特点，在高层管理团队内进行科学的分工和合作，以大大提高工作效率。

4.4 战略支持型的执行文化

企业战略实施的影响因素很多，其中文化是战略实施获得成功的一个重要因素。实践证明，与所实施战略相和谐的企业文化可以激发人们以一种支持战略的方式进行工作；反之，则会阻挠甚至损害既定战略的实施。所以，必须建立战略支持型的企业文化。

4.4.1 战略支持型执行文化的特征

市场经济中不乏这样的现象：尽管管理者作出很多非常正确的战略决策，然而企业最终难逃失败的结局。原因何在？主要是因为战略虽好，但缺少执行力。有关调查表明，成功的企业，20％靠策略，60％靠企业各层管理者的执行力。执行力的关键在于通过战略支持型的企业文化影响企业所有员工的战略行为，因此企业领导层应致力营造企业执行力文化。富有执行力的企业一定有深厚的文化底蕴。执行力是企业的一种综合能力，企业家有意识地对企业进行引导，从而使“执行”成为一个企业的核心能力。企业家如何提升个人执行力并培养部属执行力，是企业总体执行力提升的关键。

企业家的执行力往往能够弥补企业既定战略的不足，然而再完美的战略也会死在没有执行力的企业手中，因此需要构建战略支持型的企业文化。合格的企业家需要用战略的眼光诠释战略“执行”，但又不能陷入“执行”的泥潭，执行是需要战略来指导的。因此在制订战略的时候必须考虑执行力问题，好的战略应该是与企业的执行能力相匹配的。企业家应该认识到执行是经理人最重要的工作之一。企业家制定策略之后需要自身参与执行，只有在执行过程中才能够及时地发现执行是否能够实现策略，以及原来的策略有哪些应该调整，根据执行的情况随时调整策略，适时进行企业的战略调整，提高战略实施的有效性。为提高企业的执行力，企业家最重要一点就是必须重视对部属执行力的培养。

执行文化是战略实施的灵魂。企业文化的优势代表着竞争优势、效益优势和发展优势，也是企业竞争制胜的根本。要克服企业的通病——缺乏战略执行力，只有构建企业执行文化，将战略执行力作为企业文化的基因，贯穿于企业文化建设的方方面面，才能打造全新的战略执行力文化，使文化优势得以保持。执行力文化的建设需要制度保证、精神培育，使战略执行力文化在企业深深扎根。为此，必须构建战略支持型的企业文化，提升企业的战略执行力。

(1) 用制度保证企业战略执行文化的建设与推广

从制度层面上保证企业战略执行力文化的建设，就是要建立健全企业文化的制度保证。企业制度其实是企业文化的组成部分，它既是文化的一种外在表现形式，也体现文化的内在精神，更重要的是它是企业文化建设的有力保障。打造全新的战略执行力文化，制度保证必不可少。因为企业文化的制度保证是指通过建立和完善企业的组织制度、管理制度、责任制度、民主制度等方面，使企业所倡导的价值观念和行为方式规划化、制度化，使员工的行为更趋向合理化、科学化，从而保证企业文化的形成和巩固。

(2) 通过塑造企业精神推进企业战略执行文化

在企业里打造一个全新的战略执行文化，必须以共同的价值观为纽带，将全体员工团结在企业精神的旗帜下，创造一个良好的人文环境。

企业精神由企业价值观决定，是企业价值观的个性主张，而塑造企业精神主要通过广泛宣传、树立典型、活动推广的方法进行。首先让员工认识、接受企业精神，然后具体化、形象化，将企业精神逐步转化成个人意志，最后成为员工的自觉行为。所以必须重视从精神层面培育战略执行文化。

(3) 把执行力文化提高到战略高度运作

战略执行力文化的形成和最终扎根于企业是一件长期而艰巨的任务。要想最终获得成功，必须把打造战略执行力文化提升到战略高度，作为企业的最高领导者的企业家必须作为战略支持型文化的第一倡导者和实践者，总揽全局，一丝不苟地把战略执行力文化贯彻到高层、中层、基层，并使所有的员工都重视文化的建设，这是使战略执行力文化落地生根的首要条件。

4.4.2　战略支持型执行文化的内容

(1) 企业战略实施过程中企业文化的功能

企业文化是第二次世界大战以后，最早在日本的企业中提出来的，可以说企业文化的根在日本。20 世纪 80 年代，美国管理学家把日本企业的文化管理实践进行总结、概括、提升，形成了企业文化管理理论。企业文化是指，在企业这个组织中，在长期的生产经营中形成的特定的经营理念、经营宗旨、发展战略、经营哲学、文化观念、价值规范、礼仪风俗、传统习惯以及与此相联系的生产观念。[187]企业文化的特点是：企业文化是一种以人为本而不仅仅是以任务为本的企业管理理论(orientation to the person-orientation to the task)；[188]企业文化的核心要素是共同的企业价值观；企业文化的内容可以分为显形内容和隐形内容，而隐形内容表现为企业文化特质的精神活动在企业文化中起着根本的决定性作用。企业文化分为四个层次：物质文化层（企业产品、企业容貌、企业环境、企业科技状况）；制度文化层（规章制度、企业的领导体制、企业的组织结构、民主制度）；精神文化层（企业目标、企业哲学、企业精神、企业道德）；综合文化层（企业素质、企业行为、企业形象）。[189]据世界著名的兰德、麦肯锡等咨询企业研究发现，但凡业绩辉煌的企业，企业文化的作用都十分明显。世界500强企业取得辉煌业绩的根本原因就在于具有富有执行力、创新性和先进性的企业文化。这些企业都有一套坚持不懈的核心价值观，以及独特的、不断丰富和发展的优秀企业文化。

企业文化是企业员工普遍认同的价值观念和行为准则的总和。文化的形成部分来自企业的战略目标和具体的战略，并且作为一种长期形成的、作用普遍的凝聚力，对企业战略实施有着极大的影响。如一个以信奉稳健为文化特征的企业，如果要制订和实施风险型的投资战略，就不得不考虑其中的难度。企业文化的形成需要一个过程，主要基于两种原因。首先，是历史的沉淀。文化是一个历史概念，企业文化基本上反映了企业组织的记忆，它是在企业经营的过程中经过岁月流逝逐渐积累而成的。在历史上形成的企业文化，是在企业经营过程中被实践证明的一种成功的行为方式，以及这种行为方式所体现的行为准则和价值观念。因而，企业文化一旦形成就很难改变，对企业战略的实施形成强有力的制约作用。其次，是企业家的影响。具有组织记忆特征的企业文化是在具有强劲管理风格的企业家的倡导和推动下形成的。比如，在20世纪70年代，通用电气企业总裁杰克·韦尔奇上任以后，对臃肿低效的企业进行了大刀阔斧的改革，通用电气企业的文化因此以其专制而著名。而今，该企业的管理者们不再担心企业业绩方面的问题，而是忙于将企业文化转为一种"无边界线"的、开放、公正、协作的组织文化。这种文化将成为通用在以团队合作、民主管理为特征的21世纪继续保持全球战略成功的基础。美国学者科斯林曾经指出，通过考察具有强有力文化的企业，常常可以发现两个共同特征：其一，企业家的任期一般比较长；其二，高层管理岗位的空缺通常是由企业内部人员填补的。[190]企业家任期较长，可使企业家将自己倡导的价值观念和行为准则通过潜移默化的影响为企业员工自觉接受；内部晋升高级管理人员则有利于企业文化的传承。

文化对企业战略实施的影响主要体现在其三个方面的功能上：导向功能、激励功能和协调功能。文化的导向功能是指共同接受的价值观念引导着企业员工，特别是企业的战略管理者自觉选择符合企业长期利益的决策，并在决策的组织实施过程中自觉表现出符合企业利益的战略行为;文化的协调功能主要指在相同的价值观和行为准则的引导下,企业各层次和部门员工选择的战略实施行为不仅是符合企业长期或短期利益的,而且必然是相互协调的;文化的激励功能主要指员工在日常经营活动中自觉地根据企业文化所倡导的核心价值观念和行为准则的要求调整自己的战略行为。企业文化的功能影响着企业员工、特别是企业高层管理者的行为,从而影响着企业的战略实施过程。正是由于这种影响,与企业战略实施过程中需要采用的其他战略工具相比,企业文化的支持作用不仅是高效率的,而且可能是成本最低、持续效果最长的。从这个意义上说,企业文化是企业战略实施中最为有效的手段。

(2) 战略实施与企业文化的关系

根据企业战略实施与企业文化的一致性程度,可以把企业文化分为三种类型:第一种是战略支持型文化。即企业文化的导向完全和战略一致,企业职工的基本假设、价值观念和行为准则与企业的战略目标十分和谐。可以说每一个成功的企业都有一个战略支持型的文化。因为只有这样,企业的全体职工才能精诚合作,自觉献身于企业的战略目标。企业这样的文化氛围使员工感受到一种亲和力并产生自豪感、责任感。第二种是战略制约型文化。即企业文化与企业战略相抵触,成为战略实施的一个障碍。这种情况在企业实施新战略或进行战略转变时尤为明显。因为企业若要实施一项新的战略,这必将引起组织结构、奖惩制度等一系列管理制度的变化,而企业的行为、价值准则却是在过去形成的,这样的企业文化往往会成为新战略实施的制约因素。这一情况在中国企业转型的时期表现得尤为突出。在传统体制下,中国企业已形成了很多与市场经济格格不入的文化因素,这些已构成了旧体制下的企业文化,在一定程度上增加了企业文化变革的困难。第三种是战略非相关型文化。即企业文化对企业战略的影响不明显。这里有两种情况,一是企业比较年轻,还未形成一种主导型文化;二是由于企业里缺乏文化传导媒介,使企业文化非常弱小,故产生不了一种明显的力量。在这种情况下,企业文化有可能转向战略支持型发展,也可能向战略制约型发展。因此,这就取决于企业领导者的培养和倡导,以及对于企业文化的管理。

企业文化既可以成为战略成功的动力,也可能成为战略实施的阻力。因为企业战略支持型文化可以以其深层性、统一性、普遍性和潜在的规定性成为激发人们热情、统一员工群体意志的重要手段,同时,企业文化的特征也会影响企业战略实施的效果。例如,一个以强调节俭作为共同价值观的企业文化可能非常有利于低成本战略的实施,而以革新、变化为特点的企业文化则可能使追求以技术革新占据技术领先地位的战略得以顺利实施。寻求和塑造企业文化与战略的匹配对于战略的实施是非常关键的。当然，企业文化并不是总是适应战略的。当企业制定了新的战略，并要求企业文化与之相配合时，往往却由于企业文化的刚性和连续性及其继承性，使企业的员工难以很快适应新战略作出相应的变革，这时原有企业文化就可能成为实施企业新战略的主要障碍，战略制约型文化得以形成。因此，企业内部新旧文化的更替和协调是战略实施获得成功的保证。

在战略实施过程中，企业如何处理战略实施与企业文化的关系的工作可用下面的矩阵表示：在矩阵上，纵轴表示企业在实施一个新战略时，企业的结构、技能、核心价值、企业经营哲学等各种战略资源要素所发生的变化；横轴表示战略实施与企业目前的文化匹配的程度。在第二、三象限中，由于企业战略与企业文化的一致性，企业文化是战略支持型的文化，我们可以看到新的战略实施都有既有企业文化的支持，企业文化对企业的战略实施起到促进作用，从而保证了企业战略实施的顺利进行。而在第一、四象限中新的战略实施却没有既有文化的支持。本文着重探讨在后一种情况下，为了顺利实现企业的战略目标，企业应如何处理两者的关系。

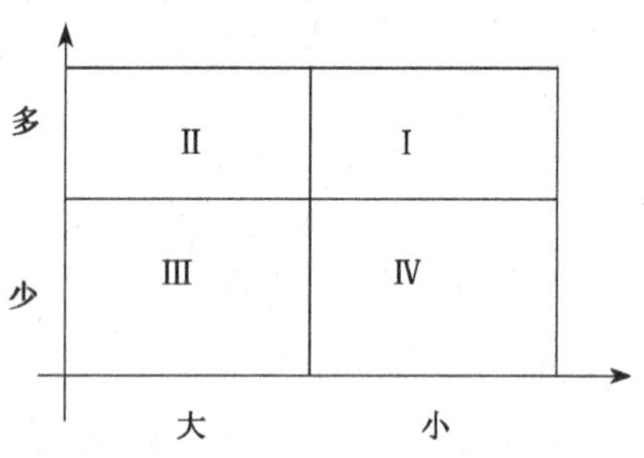

图 4-3 战略实施与企业文化的关系

在第一象限里形成的是战略制约型文化。由于新的战略的实施，组织的要素会发生重大变化，而这种变化又多与目前的企业文化很不一致，或受到现有文化的强有力的抵制。在这种情况下企业的战略与文化不相适应，因而在处理企业文化与战略的关系时，就势必引发一个“企业文化追随战略，还是战略追随企业文化”的问题。在这种情况下，企业首先要考虑是否有必要推行这个新战略。如果没有必要，企业则需要考虑重新制定新的战略，因为在现实中企业能够实施的战略一般是与企业现行行为准则相一致的战略。但大量的研究表明，企业新的经营战略往往是企业外部环境作用的结果，是由市场力量驱动并受到竞争力量支配。因而企业为了自身的长远利益，不能为了迎合企业的现有文化而将企业新战略修订得与企业既有文化相一致。也就是说在这种情况下我们应重建企业文化来使其与新的战略相适应。但每个企业的文化各有其自身的特点，是组织记忆的结果，有着其强大的惯性，一旦形成则不易改变。为了保证新战略的实施，企业就不得不痛下决心改变企业的既有文化。但急剧改变企业既有文化将会冲击企业的正常生产经营秩序，引发混乱，对企业战略的实施同样是不利的。因而稳妥的做法应是逐步调整，在企业文化的转型过程中注意鉴别现有文化中哪些方面对新的战略实施构成阻力，应坚决摒弃；哪些方面对新的战略实施是有利的，则予以保留，以实现企业新旧文化的平稳过渡。除此以外，企业为了处理这种重大变革，形成新的文化，还可以考虑从企业外部招聘或从内部选拔与战略实施支持性文化相符的人员，特别是企业的高级管理人员。同时对员工进行相应的培训，促使员工思想转变，形成一定的规范，接受战略支持型的新企业文化，保证新的战略的有效实施。

在第四象限里，企业实施新战略时，尽管企业组织战略要素变化不大，但多数不与企业既有文化相一致，此时形成的同样也是战略制约型的企业文化。此时，企业需要研究这些变化是否可能给企业带来成功的机会。在这种情况下，企业可以根据经营的需要，在不影响企业既有文化的前提下，对某种经营业务实施不同的文化管理。如美国瑞奇百货企业是一家长期以来专门为高收入阶层服务的百货企业，但在20世纪70年代，企业决定开拓收入较低的中下层利益相关者市场，而这个市场的文化要求与企业以往取得成功的价值观念和行为准则极不一致，因此，阻力很大。为此，企业决定在零售业中新开一个联号商店，培育不同的企业文化，独立经营。结果企业在两个市场上都获得了成功。究其原因，就是成功地变战略制约型的企业文化为战略支持型的企业文化，使企业的新战略得以有效实施。

(3) 塑造学习型企业文化，构建企业的战略适应力

当企业进行战略调整，新的战略与企业现有文化不相适应时，就应主动地改变企业既有文化，使其适应新战略的实施的需要，打造企业的战略适应力。这种被动改变企业文化的风险、阻力都是非常大的，同时也是一个费时、费力的漫长过程，而且常常是低效甚至是无效的。必须打造学习型企业文化，降低风险、减少阻力，变被动为主动，保证企业在不同时期各种新的战略实施的成功。一个企业的文化如果是学习型的，当企业的战略调整后，企业员工就会以一种积极态度去面对这种改变，努力改变自己的战略行为方式，顺应企业的战略调整，从而形成企业的战略适应力，而不是以一种消极、抵触的情绪来抵抗这种改变，这对于企业战略的实施是非常重要的。

学习型企业文化，可以从不同的角度去理解。首先，企业文化所倡导的价值观念和行为准则必须有利于企业组织及其成员的学习；其次，企业文化本身就是企业不断学习进行长期积累的文化积淀，企业文化所体现的不再仅仅是企业组织过去的成功经验，而是与战略调整、战略实施需要相一致和基本能够相适应的企业核心价值观念或战略思维方式；再次，由于现在的企业市场国际化的趋势，学习型企业文化应是开放性和包容性的跨文化，从而实现企业的国际式和跨国式战略管理。

打造学习型的企业文化，要求对与企业文化密切相关的企业组织结构进行相应的变革。目前，我国大多数企业的组织结构仍是诸如直线制、事业部制等层级结构。这种层级结构可以保证企业行动的迅速，促进企业效率提高以及企业活动的有序性。但这种结构同时也阻碍了企业的战略有效性的学习。如分工细致导致了员工知识面狭窄，正式的角色关系则限制了组织成员的沟通。因而为了促进组织的学习必须用网络结构来改造现行的层级结构，让层级结构中的基层单位具有相当自主权的网络中的结点。同时，同一层次以及不同层级结点之间又保持广泛的联系。在这种经过网络化改造的组织中，层级支持着组织活动的有序性，而网络则促进着网络结点上各组织成员的个人学习，同时也有利于这些结点共享他们已经形成的知识。

学习型的企业文化应该是多元的，应该在强调主导价值观和行为准则的同时，允许异质价值观和行为准则的存在，这对企业战略的实施是非常重要的。前面我们讨论了在不同的战略下是需要不同文化的支持的，一个企业的文化如果是多元的，当企业根据外部环境的变化调整自己的战略后，就比较容易获得文化的支持。因而，塑造学习型的企业文化应容忍、允许，甚至鼓励多元价值观的存在。这是繁荣企业文化、构建企业的战略适应力，顺利实现企业战略的必要前提。

建立战略支持型的企业文化，必须在企业组织的内部建立基于战略支持型的战略实施的组织，使企业自身的文化成为执行组织成员所共享的价值观念、组织信念和战略实施行为的规范，使企业愿景成为执行组织成员不懈努力的动力。在执行力组织中，企业的经营哲学、企业精神、企业战略影响着员工的战略行为，同时影响战略实施过程中的企业整体战略适应能力。

4.4.3 战略支持型执行文化的结构与功能

(1) 企业家与执行力文化

企业之间的差距就在于双方的执行力。没有执行力，那些突破性的思维、战略性的变革，只能是一堆胡思乱想。战略失误的重要原因往往不在于战略本身，而是战略没有得以实施。因此，执行力是战略的一个部分，而不是战术，执行应当成为企业的核心文化。世界七大杰出首席执行官的六大特征无一不和执行相关联。谈到企业家的执行力，不少企业领导者认为，企业的最高领导者不应该屈尊去从事具体的工作，只需要进行一些战略性的思考即可，而把那些无聊的具体工作交给手下的经理们就可以了。这种思考方法是极为错误的，它会给企业带来难以估量的危害。在当今竞争环境下，竞争对手间的差距就在于双方的执行能力，执行能力正在成为企业能否成功的一个关键因素，执行应当是领导者最重要的一项日常工作。许多企业领导者把很大的精力投入到了所谓高层战略当中，却没有对具体的实施给予足够的关注，致使一些很有希望的企业，最终没有获得预期的成功。而人们总是将这些归咎为企业的错误战略，实际上，在大多数情况下，战略本身并不是原因，战略之所以失误，其原因在于它们没有得到很好的执行，很多计划没有按照预期的那样得到落实。换句话说，如果我们无法将那些突破性的思维、革命性的变革得以切实的执行和实现的话，对企业而言，它只是一堆胡思乱想，只能胎死腹中，它会使你的企业向着最糟糕的方向发展。有意义的变革和战略只能来自实际的执行工作，康柏是最早发现 windows 操作系统和英特尔结合的商机的，但由于没有付诸执行，所以错过了发展的大好时机。而戴尔却把握了营销市场的变革，它的直销和根据定单生产的方式，成为了其商业战略的核心能力，在短短几年里就超过了规模比自己大得多的康柏企业，原因在于戴尔所秉承的强有力的执行战略。[191]

有效的战略执行是需要领导人亲自参与的系统工程，在领导人的亲自带领下，执行文化应该成为企业的发展基因，执行的核心——战略、人员与运营的每一个环节都需要以“执行”的精神来指导落实。因此必须建立企业家直接领导下的战略支持型的企业文化。市场竞争日益激烈，在大多数情况下，企业与竞争对手的差别就在于双方的执行能力。有关调查表明，成功的企业 20％靠策略，60％靠企业各层管理团队的执行力，其余是一些运气因素等。[192]从这个角度看，企业家除必须具备策略制定能力之外，其领导的领导团队必须具备相当的执行力。培养执行力不能只停留在培养管理者知识和技能层面上，更应着重于管理者角色定位的观念变革。一方面，企业家及其领导的高层管理团队在制订策略时应考虑能够切实得到“执行”；另一方面，不能把执行仅理解为适当的授权，企业家及其管理团队必须参与到执行中去，并不断地用战略思维的眼光诠释“执行”，及时根据执行的情况调整既定战略，这样的战略才可以有效实施。当然，企业家作为战略执行最重要的核心，并非说管理者大小事务必须躬亲。管理团队的角色定位变革很重要一点就是在重视自身执行力的同时，还必须重视培养基层员工的执行力。管理团队如何培养部属的执行力，是企业总体执行力提升的关键。必须借助企业文化的力量，管理者要营造企业“执行”的文化，“注重承诺、责任心，强调结果导向”这一切都是“执行文化”的具体表现，管理者应当通过企业文化的建设，尽可能使不同的“分力”最终成为推动企业前进的“合力”。

(2) 企业家执行力文化的构建

管理者是企业战略执行最重要的主体，而一个善于执行的管理者，不仅要重视自身执行能力的加强，还必须重视对员工执行力的培养。管理者自身具有执行力还不够，企业的基业常青靠的是整个执行战略团队的每一名员工的执行力，需要全员的执行理念。执行力的提升应该是整个企业范围内的事情而不只是少数管理者的专利。执行力的关键在于通过企业文化影响企业所有员工的行为，因此管理者的一项很重要的工作就是营造执行力文化。如果企业里的每一个员工每天能多花十分钟替企业想想如何改善工作流程，如何将工作做得更好，那么管理者的意图自然能够得到彻底的执行。如何让员工心悦诚服地投入工作，执行得更好呢？关键就在于构建基于企业家的企业执行力文化。

为了培养执行力文化，作为管理者的企业家要亲身参与企业的运作，对于企业的营运细节要了解得愈多愈好，优秀而成功的管理者无不是对自身业务知之甚详。企业是由不同的部门和员工所构成的，所以不同的个体在思考、行动时难免会产生差异。如何尽可能使不同的"分力"最终成为一股推动企业前进的"合力"，只有依靠企业家的企业文化和战略支持型的执行力文化。

企业文化是指一个企业的组织成员所共享的价值观念、信念和行为规范的总和。一般来说，企业文化是由企业的企业家所奉行的价值观、行事风格所主导的，后继的领导者在这个基础上随着企业的发展及企业所面临的环境进行相应的变革，因此企业领导者——企业家的价值观及行事风格将对企业的文化产生巨大的影响。联想的创始人柳传志的基本性格、军人的做事风格、思维模式和价值观形成了主基调为严谨、高效、务实、集体主义和目标导向且相当强大的联想文化。

企业文化是企业战略管理实施过程中的重要力量，随着市场经济的发展，对企业的兴衰将发挥着很重要的作用，甚至是关键性的作用，21 世纪企业之间的竞争，最根本的是战略支持型的企业文化的竞争，企业拥有战略支持性的文化优势，企业就拥有竞争优势、效益优势和发展优势。作为企业执行力的核心的企业家，不能沉迷于过去的和现在的成功，必须扬弃过去、超越自我、展望未来建立新的企业价值观和战略支持型的企业文化。企业的竞争优势已经体现在企业的学习能力以及迅速将企业的战略转化为行动的能力之上。执行力文化已经成为 21 世纪企业文化的主流，也是企业基业常青的可靠保证。而追求卓越、坚持创新，在企业发展壮大的过程中不断修正企业的执行力文化，是企业文化创新的不竭的动力源泉。也只有把执行力溶入企业的文化之中，使其成为文化的一个有机组成部分，才能使企业的每一个员工都理解并深入实践执行力，从而构建基于企业家的战略支持型的执行力文化。

在构建基于企业家的战略支持型企业文化的过程中，企业家及其高层管理团队的战略行为至关重要。企业家及其高层利用自身人格魅力和领导力对员工施加积极的影响，企业家及其高级管理团队的榜样示范作用往往是企业员工执行战略的力量源泉。企业战略在执行过程中往往存在这种现象：雄心勃勃的高层，执行不力的中层，牢骚满腹的下层，失去活力的企业。现代的企业家及其高层管理团队越来越多地采用高关怀高规定的领导风格。关心员工的满意度，与员工维持良好的情感关系，经常与员工进行沟通，及时了解员工的生活困难为其排忧解难，以员工为中心体现出对员工的尊重，同时会在工作中提出较高的标准。有调查显示，中国经理人在与员工有关的沟通能力上差强人意，所以这一点非常值得引起企业家和学术界的广泛注意。[193]

企业家在以身作则、执行企业战略的同时，必须建立良好的战略实施团队以提高企业的整体执行能力。企业家真正意义上的成功在于其领导的团队的成功。团队作用的好坏对团队的工作效率和工作质量乃至企业的发展都有至关重要的影响。而企业家作为团队的核心人物，起着协调团队成员、领导团队发展方向、指挥团队具体执行的重大作用。重视培养下属的执行力，执行力的提升是整个企业的事情，不只是企业家及其管理团队的专利。长期以来，一些中国企业奉行的是家长式的管理方式，领导者扮演父母的角色，员工只需要做到忠诚、负责、顺从即可。但这种管理风格已不适应现代企业的发展。企业家及其高层管理团队要学会授权，任何人的能力都是有限的，企业家不可能事事亲力亲为。要明确的一点是，企业家的职责之一就是培养下属、提拔有能力的人。通用前首席执行官杰克·韦尔奇有一句名言：管理越少，企业越好。[194]有效授权是指经理人明确做事的责任、期望的目标、进度和质量要求，并提供必要的资金支持让员工去执行。下属在被赋予了责、权、利后，做事会更有责任感。好的执行文化对员工也是一种激励，团队的发展又加强了企业文化的内涵从而提高了整个企业的执行力。因此企业家要辩证地处理好与高层以及中层以及一线员工之间的关系，同时还要不断提高自身的各项能力如学习能力、协调能力、决策能力及创新能力。

本章小结

通过界定企业的战略执行的内在规定性，指出决定企业竞争优势的是企业的战略执行力；同时提出企业战略执行力的理论研究框架；提出企业家是战略实施的首席执行官。针对一些中国企业战略执行现状及其存在的问题，探究了中国企业战略实施行为缺陷产生的深层原因，并提出建立保护企业家合法收入和战略实施的激励机制。针对企业高层战略管理团队的执行力存在的问题提出分析与对策：从企业高层管理团队的重要性来考察当前中国企业高层权力结构和关系存在的问题及原因；从企业高层管理团队有效性的条件提出优化中国企业高层管理团队的措施。建立战略支持型的执行文化是企业战略得以有效实施的关键，因此必须构建企业家的战略支持型的企业文化，实现企业战略目标。

第五章　基于企业家的战略实施模式的构建

本章引言

基于企业家的战略实施模式的构建，其领导核心必须是高度集权的企业家；为了提高企业的战略执行力，必须加强战略实施过程中的激励，必须加强对企业家和企业高层管理团队的激励，重视对中层管理团队的激励，加强对利益相关者的激励；同时加强战略实施过程中的战略沟通，建立战略实施过程中的基于战略沟通的知识共享机制。为了提高战略实施的有效性，必须加强对企业战略实施的绩效考评，为了克服企业绩效评估过分重视企业的短期效益的弊端，作者提出进行二次测评的方法。基于企业家的战略实施模式主要是通过战略实施的领导、战略控制、战略激励、战略沟通来实现的，相当于神经网络运行机理，如图 5-1 所示。

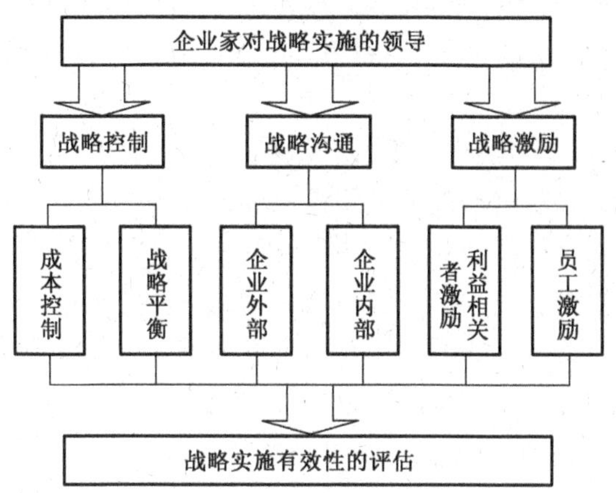

图 5-1　基于企业家的战略实施的模式图

5.1 战略实施过程中企业家的领导

企业家必须一手抓企业的战略制定,一手抓企业的战略实施。在企业的战略实施过程中,企业家的领导是战略实施有效性的保证,因此必须建立基于企业家的战略实施模式。

5.1.1 战略实施过程中企业家的职责和作用

企业战略实施的有效性路径在于企业家的领导力。企业家的领导能力是引领、指导企业战略执行团队过程中表现出来的作用与功效,即通过各种资源整合来实现企业战略目标作用与功效。领导者有时主动出击,有时对环境的刺激作出响应,切实去履行自身在企业经营中的各项职能。企业家各种能力真正在企业运营中发挥功效的过程恰恰是企业家领导力的真正体现,这是企业家精神的实践展示。

领导者的领导力包括信息整合和认知判断能力、愿景规划能力、战略方向的确定能力、变革能力、识别与培养骨干和继任者的能力、鼓舞激励能力、营造良性文化氛围能力以及确定战略重点的能力。

认知判断来源于有效的信息整合。信息整合能力包括信息获取、信息处理和信息共享的能力。现代企业的竞争主要是信息竞争,许多企业已经建立起自己的竞争情报系统,就是为了支撑领导层战略性信息的整合和认知与判断。企业业务决策所有环节的成功运作都依赖于领导者的信息整合认知判断能力,领导者的愿景规划能力、战略方向的确定能力、变革能力、识别与培养骨干和继任者的能力、鼓舞激励能力、营造良性文化氛围能力以及确定工作重点的能力等。愿景规划能力是企业理念的重要组成部分,阐述了组织希望达到的理想发展状态。由于人们在追求企业愿景时,总有许多新的想法,感知到新的可能性和产生新的更具挑战性的设想,所以企业愿景通常是一个阶段性移动的目标。它有助于人们确定奋斗目标,挖掘自己更大的潜能,从而成为构成企业文化的核心要素之一。企业的战略实施就可以有一套行之有效的工作标准,进而可以激励员工,影响他们的战略行为。企业家这种愿景规划能力有赖于其卓越的战略远见。

战略方向的确定能力,是企业家的战略思维能力和决策能力的体现,有助于企业认清未来发展趋势,明辨强势和弱点,确定企业发展的未来之路。无论是企业业务选择、业务开发还是并购重组,一旦战略实施路径清晰,企业发展有时可以在几代人身上延续辉煌。这需要企业家长期积累的知识和经验，同时需要对战略实施的路径进行及时的突破。

管理变革的能力是企业家的全局领导能力。战略实施的每一项战略行为举措都充满着变革的浓厚的色彩，如自主创新业务的开展、战略并购中流程整合、业务重组中业务再造，都会不同程度地牵扯到企业相关既得利益者的神经，引起企业收益的再分配。所以作为一场深刻变革的领导者，需要具备足够的变革的艺术。除非企业濒临重重危机，企业变革往往会遭遇极大的阻力，不要期望一夜间改变所有事物。企业家需要充分发挥其对各种变革形势的认知和利用，针对特定的问题，在适当的场合，运用适当的策略，合作抑或竞争，沟通抑或挑战，把握好时机，确立起正直诚信的风格和对组织的忠诚态度。

战略实施过程中，企业家对企业的高层领导者和中层领导者的培养非常重要，这关系到企业的生存与发展。高层领导关注与培养这些业务中的骨干，就是关注和培养企业的未来。中层管理团队的建设在战略实施过程中的作用也越来越重要。

企业家的鼓舞和激励能够营造企业积极向上的氛围。企业的成长需要企业的全体员工全心投入大家共同的事业，朝向共同认知的目标，同心同德，共同发展。成功的企业家的关键技能就是这种感召、鼓舞和激励的影响力，并在组织内形成一种团结向上的文化氛围。

确定战略实施的重点是企业家关注企业成长的关键，也是组织或企业家个人有效时间管理的基本方法。企业家要关注与绩效相关、可以产生重大影响的创新活动，牵引一点而带动全身，从而使组织中每个人主动了解和关注工作重点，合作奋进，突破战略实施过程中的各种障碍。

总之，战略实施的有效性是基于高效的领导及其领导力，战略实施的神经中枢的有效性构建和运行都作为企业家成功的领导力的直接表现形式，通过沟通网络，企业家及其高层领导团队的理念和设想将直接或间接到达战略执行的各个神经末梢。由此可以得出结论，战略实施的有效性路径依赖于企业家的领导力。

5.1.2　战略执行型领导团队

在战略执行中，企业家首先需要构建高效能的管理团队，包括战略实施的高层和中层管理团队。在信息畅通的基础上，通过一系列有效的控制系统——信任系统、制约系统、诊断控制系统和柔性互动的控制系统、内外部激励系统，以及全面推动的知识管理举措，控制、激励企业战略实施，推动企业在各个层面寻求自身发展的路径依赖,提升利益相关者价值,建立忠诚利益相关者队伍,培植自身持续竞争优势,在企业战略基础上构建企业的持续竞争优势。

企业家的战略实施过程是构建一个权变型运行系统,以区别于传统机械式的操控模式。在传统机械模式下,企业家是企业的操纵者,企业家自身监控市场,并对其作出反应。为此,他们必须控制和指导非正式组织的正式结构,以应对市场的变化。而在战略权变模式下,企业的企业家及其领导下的高层管理团队是战略实施的核心,他们监控企业的各个系统,以确保这些系统能够创造有利于战略实施成员自主为企业利益工作的环境。他们利用正式组织,不是为了控制,而是为了加强非正式组织的运作效率。对战略实施的领导核心——企业家及其高层领导团队的控制是为了保证企业的自我组织健康运行,进而确保企业战略正常而有效地实施。

5.2 基于企业家的战略实施控制系统

民主集中制的高层管理团队议事决策机制与模式,可为企业的战略行为构建彼此认同或接受的统一行动的目标,明确彼此之间的工作关系和业务单位战略实施行动纲领,同时,对决策后战略实施的统一领导、统一行动具有一定指导意义。最重要的是,这种决策议事模式便于战略实施团队成员之间的理解和支持,从而形成良性互动的执行氛围,增进管理团队之间有效沟通,强化高层领导团队的战略构建的凝聚力和战略执行力。

5.2.1 企业高层领导战略实施的控制系统

(1) 企业高层领导战略实施的控制系统

战略实施是个复杂过程,高层管理团队必须建立基于企业家的有效的战略实施的控制系统。战略实施管理控制是企业家为实现组织目标高效、快捷获取和使用企业战略资源的过程。由于历史的原因,在战略研究中,组织怎样运用正式的控制、激励和信息系统来实施战略,以及最终它们怎样影响企业绩效,基本上这些是一个尚未探索的领域。[195]根据管理控制与战略的关联性以及高层领导团队的可操作性,战略实施的控制系统一般包括四个基本要素:企业的信仰系统、企业的约束系统、企业的诊断控制系统以及企业的柔性互动控制系统。

1) 企业的信仰系统,是基于企业家及其高层领导团队用来界定、沟通和强化基本价值观、目的和组织发展方向的正式规则系统,旨在为企业的发展提供愿景驱动和行动指南。信仰系统的构建是通过企业使命陈述、目的陈述和企业信条等系列正式文件形成，其关键影响因子是企业长期形成的企业文化的核心价值观。

2）企业的战略执行的约束系统，是企业家及其高层管理团队为保证企业战略顺利实施，通过制定一些禁止性条款来建立各种必须遵守的限制和规则，旨在激发战略实施成员个体与群体的主动性和创造性。战略实施约束系统的构建是通过企业的商业行为、战略规划系统、战略实施的资本预算系统和企业的运营方向来确立，战略实施的风险规避是战略执行的约束系统设计的关键变量。

3）企业的战略实施的诊断控制系统，是一种用来监控企业组织投入与产出效果、纠正偏差的正式反馈系统，以确保企业组织的战略规划的目标实现，提供战略实施动机、战略实施资源和及时的战略信息支持。诊断控制系统是以商业计划和成本预算为参照，其设计的主要影响因子是战略实施的关键业绩变量。

4）企业的战略柔性互动系统，是基于企业家领导下的企业高层管理团队在面向下属决策活动中的常规性、个性化的控制系统。任何诊断控制系统都可以通过基于企业家领导下的高层领导团队持续、频繁地关注和兴趣得以互动，其目的是将企业注意力聚焦在战略的不确定性上，从而引发企业新的启动按钮和新的战略策划，确保战略实施的有效性。高层领导团队可以通过一系列方式促进这种互动的控制系统。

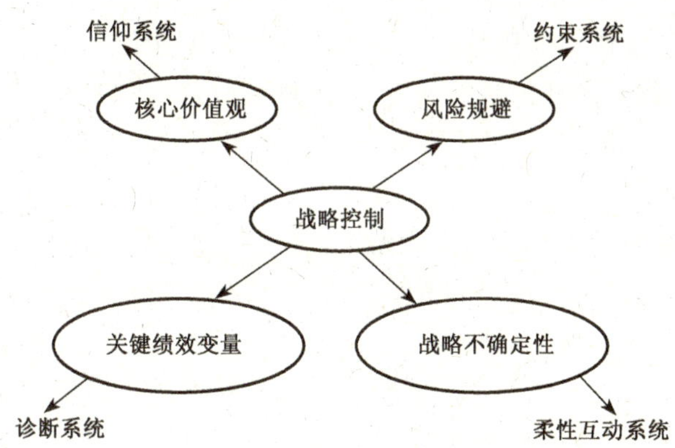

图 5-2　战略实施的控制系统

资料来源：Robert Simons. How New Top Management Use Control Systems as Levers of Strategic Renewal, Strategic Management Journal, 1994 (15): pp 169-189.

(2) 战略平衡是战略实施过程中的一种特殊的战略控制

企业家及其领导的高层管理团队的哲学理念通常为战略管理提供指导，战略管理是在明确企业的根本性质与存在缘由的基础上，根据企业外部环境和内部经营要素来确定企业发展战略目标，进而确保战略目标得以顺利实施、企业使命最终能够实现的动态过程。战略管理的本质就是企业努力谋求其外部环境、内部条件和战略目标的动态平衡。哈佛商学院商业政策研究小组在20世纪70年代初对企业战略进行提炼并认为，企业战略是对企业技能、资源、外部机会、管理者的个人愿望、社会责任推动等因素进行平衡思考（balanced consideration）的结果。[196] 从本质上讲，战略平衡也是一种特殊的控制。基于企业家的战略实施要求企业家及其企业高层管理团队在进行战略平衡时，要关注战略实施成员的心态平衡、权责平衡和企业组织结构平衡三种平衡。[197]

心态平衡是战略实施主体成员的内在平衡。企业必须以人为本，企业的成长与发展有赖于企业内部个体成员内在热情和感觉的激活，并努力使其具有可持续性。所以战略实施的任务之一就是通过树立企业的共同愿景，把企业成员的个体动机与企业的动机形成有机统一，从而增强企业战略实施成员的凝聚力和企业组织的引导力与向心力。

根据公平理论，每个人不仅关心自己工作努力的绝对报酬，还关心自己报酬与他人报酬的比较关系，不仅关心与内部同事的报酬比较关系，而且关心与外部同类人的报酬比较关系。所以企业要实现员工内在心态的平衡，包括引进员工预期的心态平衡，需要从三个方面着手落实。

首先，完善企业的薪酬体系。多数企业通常采用岗位工资加考核工资。完善的薪酬体系则依赖于考评体系的完善，特别是对经营主管和技术与管理骨干的考评。这类关键员工的心态平衡更多地取决于外部同仁的薪酬水平，应当体现高收益与高风险共担原则。

其次，推动企业制度创新与文化建设。吸引人才的激励方法与手段有多种，无论是工作激励、教育激励，还是感情激励，企业都有必要将这些方法与手段制度化，进而形成企业执行文化的一部分。

最后，建立通畅的人力资源市场信息渠道。畅通的人力资源市场信息渠道便于企业及时、有效、准确地招聘企业所需的合适员工，必须调适人力资源的心态平衡，推动企业战略实施的可持续良性发展。

权责平衡是企业战略实施过程中的竞合平衡。基于企业家的战略实施的控制系统必须处理好权责平衡。权责是基于某一职位而言的。权利是责任的基础，有权才能负责任；责任是权利约束，有责任，拥权者行使权力时就会考虑可能后果，避免滥用权力。有权无责，有责无权，或权责不平衡、不协调的组织结构都不能有效运行，难以完成企业战略实施的目标与任务。而企业内的权责通常是企业运行过程中部门间、员工间竞争与合作的结果。

在战略执行的流程中，要推动适当的权责调整与授权监控。企业的权责调整应该基于战略管理过程的梳理，分析企业上下级间、部门间及岗位间的界面衔接，对相对完整的价值增值环节整合调整，任何职位的权责设置均应遵循战略实施过程的可控制性。授权监控作为权责平衡主要内容，其核心就是过程简化。表明战略性决策、战术性决策及业务性决策等权利与责任在企业不同层面应有的相应界定与区分，这是上下级间的权责平衡。一般而言，要是下级更了解情况，上级审批基本属于形式性或程序性，就让下级自行决策，上级主管主要实施异常信息监控。企业的权责必须对等，否则就是失败。由于历史与内部机制的原因，受权层不愿或不能承受授权可能带来的更多责任，对企业高层的授权通常持消极抵制的态度，企业的授权体系就难以真正形成。

从企业的政治竞合角度出发，推动企业内部、企业与政府及企业与客户之间的关系协同与风险控制。企业的职位权责配置通常是企业内部政治斗争与政治协调的产物。通过团队业绩考评，可以促进企业团队合作与沟通，淡化部分职位间的权责对立或权责分割，进一步有利于企业上下级之间、部门间与员工间的关系协同和企业凝聚力的增强，也有利于企业与银行之间、企业与利益相关者之间、企业与政府之间关系融洽，把企业的财务风险、经营风险控制在有限范围内。

结构平衡是企业战略资源的动态配置平衡。企业的结构决定企业的执行功能，企业的资源配置结构差异决定了产出不同。这些结构的动态平衡与企业可持续成长战略及企业各种功效的发挥密切关联。企业的职能结构是传统组织结构的内涵，是企业功能发挥和可持续成长的基础。股权结构，特别是高级管理层在股权结构中的比例直接影响企业治理结构和高级管理层的激励效果。经营者持股与否影响着经营层决策中的长期效应与短期效应。企业智能结构显示企业的知识、资源、资本密集类型，而高级管理层的智能结构则决定经营的战略倾向。大量实证分析表明，企业家及其领导的高级管理层合理的智能结构有利于高层管理团队成员之间的合作，从而高效完成企业的战略决策工作。资产负债结构与原辅料供应结构则影响着企业融资战略及供应链战略的设计。

战略平衡不是战略平均，而是基于战略能力的动态平衡。战略平衡并不意味着各种战略要素战略平均，抑或比例关系凝固不变。现实中，不平衡是绝对的，平衡是相对的。由于考虑到技术进步等因素，企业战略平衡发展是一种过程有差别的发展，是基于企业能力的动态平衡发展，是能力、环境与目标的动态平衡发展。

当然，战略平衡增长并不排斥战略实施重点和战略实施过程必要的倾斜政策的运用，战略实施的重点和战略实施过程的倾斜政策就是为了克服短线投资或战略“瓶颈”制约。为提高结构均衡水平而对短线投资或战略实施“瓶颈”部门采取倾斜政策，可以增强短线或瓶颈部门的产出水平，从而实现企业整体的平衡发展。另外，战略重点与政策倾斜也是动态的，随着企业成长中原有瓶颈的消弭，或新的瓶颈的出现，对战略重点和倾斜的力度与方向要作及时的调整和转换。

5.2.2 战略实施过程中战略成本控制

战略实施的成本控制是企业战略实施过程中的重要内容，战略成本控制的研究始于20世纪80年代末90年代初，是企业为了获得和保持持久竞争优势而进行的一种成本管理。战略实施的成本控制有以下特点：整体性，战略成本控制以企业整体内外部环境为对象，从企业所处竞争环境出发，综合分析包括企业内部、竞争对手及行业在内的整个价值链；长期性，战略成本控制的宗旨是为了获得可持续发展的竞争优势；开放性，战略成本控制着眼于企业的内部和外部环境，将成本控制扩展到战略实施所涉及的所有环节；竞争性，战略成本控制的重点在于开源节流，增强企业的持续竞争优势。

(1) 战略成本控制方法

1) 价值链管理

价值链管理，即对企业各项战略活动本身及其之间物流和信息流等进行的计划、协调和控制。企业中的一系列互不相同但又相互关联的生产经营活动，形成了创造价值的动态过程，这一过程被称为价值链。企业反映在价值链上所创造的价值，如果超过成本便有盈利，如果低于竞争对手的成本便有竞争优势。因此，价值链管理成为战略成本控制的基本出发点。价值链分析包括企业内部价值链分析、同行业价值链分析和竞争对手价值链分析。价值链管理的基础是价值，而不是成本；价值链是由各种价值活动构成的，即由基本增值活动和辅助性增值活动构成；基本价值链可以进行再分解，价值链的各环节之间是相互关联、相互影响的；在同一产业中，不同的企业具有不同的价值链，对于同一个企业而言，在不同的发展时期，会有不同的价值链。正确把握价值链的真正内涵是进行价值链管理的有效基础。

2) 战略定位分析

战略实施过程的战略定位分析至关重要，一切战略措施包括战略成本控制都必须以此为核心展开。决定企业基本竞争优势的有两点：低成本或差异化。竞争优势的两种基本形式与企业寻求获取这种优势的活动情况相结合，产生在战略实施中创造高于平均经营业绩水平的三个基本竞争战略，即成本领先战略、差异化战略和目标聚焦战略。

3）成本动因分析

战略实施影响战略成本，动因影响战略实施，成本动因即成本发生的原因与推动力。企业只有了解成本发生的前因后果，才能真正控制战略实施成本。成本动因可分为两个层次：一是微观层次的成本动因，与企业的具体生产流程相关，如物耗、工作量等；二是战略层次上的成本动因，分为执行性成本动因和结构性成本动因两类，如企业规模、产品结构、技术多样性等，即从长远、全局、战略上分析、查找、控制一切可能引起战略实施成本变化的因素。战略实施成本动因对战略实施成本影响比重较大，可塑性也较强，从战略成本动因考虑战略实施成本管理，可控制企业日常生产经营中大量潜在的问题。

4）执行成本法

就是在整个企业范围内按执行划分核算环节而进行的战略实施成本核算。执行的结果是以满足利益相关者的需要为目的，由此而设立的前后有序的执行流程集合体。例如，从产品的研制开发到组织订货、安排生产、产品对外销售及售后服务等，就是一个有序的执行集合。产品的生产消耗了战略实施的资源，即每完成一项流程就消耗一定量的战略资源，生产出一定价值量的产品，执行的过程实际上伴随着价值的转移，因此可以说，战略执行的形成过程，也就是价值链的形成过程。

实际上并不是所有的战略执行都能形成企业产品价值或称执行价值，所以，一般把战略执行分为“增值执行”和“不增值执行”。“增值执行”反映战略执行消耗资源的有效性；而“不增值执行”则反映战略执行的无效性。战略实施成本控制，就是要力求消灭非增值执行的一种系统管理活动。战略实施成本会计是一种先进的成本核算系统，它不是就成本论成本，而是把着眼点放在成本产生的原因和结果上，按具有代表性的成本动因进行成本分配，使直接归属于某种产品的成本比重大大增加，按照人为标准分配于某种产品的成本比重大大缩减，从而提高了成本控制的合理性和准确性。同时，克服了传统成本控制系统下间接费用责任不清的缺陷，使以前的许多不可控间接费用在战略实施成本控制系统中变成可控费用。战略实施成本控制大大改进了成本分摊方法，及时提供相对准确的成本信息，加强了对实施成本的有效控制，为管理者管理执行以增强竞争能力、实现战略目标提供了条件。

5）战略实施成本控制方法的选择

战略实施成本控制的核心是选取合适的成本控制方法。成本控制方法是否适当决定了成本控制的效果。传统成本控制方法基本上都是利用经济手段，通过实际成本和标准成本间的差异分析进行的，而现代成本控制方法突破了经济手段的限制，还使用包括技术和组织手段在内的所有可能的控制手段。在多样化的经济环境中，采用的成本控制手段是多方位的，经济手段是基础，并广泛利用了技术、组织等非经济手段。

战略成本控制系统下的成本控制方法是多种多样的。传统的和现代的成本控制方法的运用往往是交织在一起的，如传统的标准成本控制可以与先进的执行成本控制结合运用，目标成本控制可以与责任会计相结合等等。根据成本管理战略选择成本控制方法没有固定的模式，完全要依据企业的现实基础，考虑组织结构、企业文化、生产方式等而定。采用哪种成本控制方法完全取决于企业竞争战略的需要和其他现实条件。但战略实施成本控制方法与竞争战略之间不是一一对应的关系，同一种竞争战略根据企业的其他具体情况，可能采用不同的成本控制方法；同一种成本控制方法也可能运用于不同的竞争战略中；同一种成本控制方法也可能在不同企业的相同竞争战略中充当不同的角色。

5.3 战略实施过程中的激励机制

战略实施过程中实行激励的目的是为了激发战略实施所涉及的每个员工的工作热情，从而提高企业的战略执行力。所谓激励，是人类活动的一种内心状态，具有强化和激发人的动机，推动并引导人的行为朝向预定目标的作用。[221]传统激励理论主要探讨企业员工的激励机制，通常认为，一切内心要争取的条件，如欲望、需求、动力等都构成对人的激励。激励理论包括：费罗姆（V. Vroom）的期望理论、麦克莱兰（D. McClelland）成就需求理论、斯金纳（B. F. Skinner）强化理论和亚当斯（J. S. Adams ）公平理论。莫里斯（Mirrlees，1974，1976）、霍姆斯特姆（Holmstrom，1979）、法玛（Fama，1980）就“委托人问题”提出了一般分析框架，委托人设计出一个在各种复杂条件下既能够对代理人产生最大刺激，又能确保委托人利益最大化的契约。这个签订契约过程实际是委托人与代理人之间的博弈过程，目的是达到合作解，即纳什均衡（Nash Equilibrium）。Ananda（2001）认为委托人与代理人之间是义务和互惠的关系，从而对风险认知提出了自己的扩展观点，不承认所有情况下都会存在道德风险。Kohlberg（1969）提出了道德发展理论，认为有些人是会用道德方面的考虑来约束自己的经济行为，甚至牺牲自身利益去满足企业的利益(Noree,1988),所有这些研究为激励机制的分析和考量提供了良好的理论基础。

在战略实施过程中,企业高层领导对激励的考量除了关注对企业员工特别是高级管理团队的激励外,更重要的是关注企业利益相关者的激励问题。课题主要从企业家重点关注的高级和中层管理团队的激励和利益相关者激励两个方面来探讨相应的激励机制与模式,充分发挥基于企业家的战略实施的功效。

5.3.1 高层管理团队的战略激励

企业的战略实施对高级管理团队的需求量一般较大,企业要充分发挥高级管理团队的智力资源作用,应该全方位、多侧面设计有效的激励机制,实施不同类型的激励方法,积极营造良好的企业文化氛围,提高企业的战略执行力。

(1) 高级管理团队的激励机制设计

激励机制的设计通常从内外两个层面展开,内部激励主要是一种需求激励机制,而外部激励通常叫目标激励。

就需求激励而言,人的需求是多元向量。在需求系统中,有生活需求和工作需求,有主要需求和次要需求,有需求的主要方面和次要方面,而不同时间段的主要需求和次要需求及需求的主要方面、次要方面还会发生变化。就输出、输入公平理念而言,获得回报只是人们行为动机和结果满意之间的过程,是激励的重要手段。由于员工个体需求差异、职务层次、职业生涯等的变化,员工对回报偏好会有不同选择。所以,激励模式应该根据对象的不同而不同,如果可以准确分析和把握被激励对象主要需求和需求的主要方面,领导激励可能实现事半功倍的效果。针对高级管理团队特点,他们往往在职务层次、收入水平上处于中高级,外在激励(常指物质激励)对他们的激励作用通常显得不明显,内在的较高层次的需求激励(如工作责任、自我价值的实现、被尊重等)反而显得相当重要。

就目标激励来说,目标管理是现代企业管理模式中一种行之有效的激励方法。通过领导者和被领导者之间的有效沟通互动,设立与高级管理团队相匹配的组织行为目标和对应的个体战略实施行为目标,有利于企业战略目标的高效实施,也能使高层次员工可以实现的绩效与领导期望的绩效趋于一致,从而实现企业组织目标。因此,如何为高级管理团队设立一个适当的激励目标非常重要。

另外,对高级管理团队的激励必须有一个阶段性安排。不同人生阶段,工作岗位的不同时期都会有不同的需求和目标,存在需求规律上升、目标高定位趋势,高级管理团队一般有一定的人生阅历,人生职业生涯设计往往比较清晰。所以激励机制的设计需要有针对性地进行阶段性调整和再设计，安排多阶段激励模式，提供培训和学习机会，实现职业生涯目标，从而实现企业成长与个人发展的和谐态势。

(2) 企业家的高级管理团队激励方法的组合

薪酬激励法是最重要的激励方法，但薪酬激励也有其自身缺陷，例如薪酬激励中的收入效应递减现象。此外由于人的需求的多样化、环境不确定性的存在，如果激励方法简单，持续的效果也会越来越低。因此在管理实践中，人们会积极开发多样性激励方法及其组合运用，包括薪酬激励法本身也有许多创新方式。

工作本身也可以成为激励方法。人们基本生活得到保障后，工作已不仅仅是付出劳动获得生活资料的过程，而且成为人们生活中的一项重要内容。高级管理团队更多会寻求工作中的需要满足，而不只是工作结束后报酬上的激励。工作激励法表现为：参与管理、工作丰富化、提高工作环境质量、灵活工作制。

感情激励法。几乎每一个企业都存在正式组织和非正式组织，正式组织靠制度推动，非正式组织靠情感维持。当两种组织努力方向相同时，非正式组织才会有助于正式组织的目标实现。因此，在工作内外运用情感，沟通上下级关系也是有效的管理方法，如保健激励、亲近激励、诚信激励等。为高级管理团队提供更多与外界交流、沟通渠道和桥梁，提供更多的接受培训和教育机会，使他们能与时俱进，这也是感情激励的重要方面。要把竞争机制引入高级管理团队的管理工作中，比如，实施对相关工作成果分等级发放津贴和工作量表制度，让他们在评级分等中体现自我、实现价值，推动组织经济社会绩效的提高和改善。

综上，薪酬激励法与竞争激励法可以很好地结合使用，工作激励法可以与感情激励法、教育激励法结合运用。在实际工作中，关键是因人而异，有针对性地综合采用各种不同激励法或方法组合，提升高级管理团队的工作热情，发挥他们的工作主动性、创造性，为企业的基业常青贡献力量。

5.3.2 中层管理人员的战略激励

在战略实施过程中，企业的中层管理团队的力量非常重要，是提高企业战略执行力的基础，必须重视对企业战略实施的中层管理团队的激励。而在传统的战略管理过程中，企业往往将战略思考活动与战略实施活动分开，把它们作为两个完全独立的活动来对待。[198]在这样的管理过程中，高层管理人员进行战略思考，制定战略计划，而战略实施由中层管理人员执行。中层管理人员把计划转变成行动，监视和控制所负责的单位的生产经营活动，使活动按照预先设计的轨道进行。这种管理方式适应了企业的层级结构运作方式，却不能适应企业发展带来的环境的变化。随着企业竞争全球化的发展，利益相关者的需求被细分，技术更新的速度加快。以增长和控制为重点的传统管理模式已经受到全面挑战，如何实现创新，满足利益相关者的需求成为管理的重点。[199]中层管理人员的职能已由原来的纯粹的执行变为参与战略制定、实施和监督的全过程。因此必须加强中层管理人员的战略激励。

"高层管理者制定战略、中层管理者只是实施战略"的说法是不全面的。战略的有效实施不仅要求中层管理人员了解战略实施的内容和战术方法，还要求中层管理者对战略过程广泛参与。为了更有效地实施战略，中层管理人员必须积极地承担起不同的角色，并实现战略角色的转换。中层管理人员的战略角色来源于企业对协调稳定和变革的一种需要。传统管理注重作业系统的高效运转，中层管理人员的主要战略角色是直接实施已经建立的计划。随着中层管理人员的战略角色转变，他们从单独执行变为全程参与企业的战略制定、实施和控制。

环境变化对中层管理人员提出了的新要求。现代企业里，大多数管理人员是中层管理者，他们处在组织金字塔的中间，与企业高层管理人员保持着经常性的联系。在传统的企业管理中，他们按照所属部门的职责要求，负责企业生产经营中某一方面的工作。随着组织结构扁平化趋势的强化，职能边界模糊，减少了管理层次。一些中层管理人员，尽管常常没有正式的职务和权力或管理头衔，实际上却起着传统的中层管理者和战略角色的作用。中层管理者的管理职能对企业战略实施有效性起着重要作用。

中层管理人员在企业战略管理方面的角色逐渐从被动性和操作性转向主动性和决策性。[200]首先，企业外部环境的不确定性日益加剧，导致战略管理的全员参与性及民主性要求越来越高；其次，管理者人力资本作为获取异质竞争优势的内源性基础的作用越来越明显。这两个因素把中层管理人员推到了战略管理研究的前沿，意味着国内企业的中层管理人员在战略管理中的角色，应该而且正在发生从操作性角色向战略性角色的悄然变化。

中层管理人员分为四种不同战略角色。[201]处于企业不同层次的管理者，具有不同的职责。企业家及其高层管理者规划企业的发展方向，描绘了企业愿景，协调各个部门的活动，确保组织既定战略得以及时实施。而中层管理者处于高层和基层之间，主要作用是在战略和具体活动之间进行协调。中层管理人员所处的位置，有利于他们将战略层次上的数据与作业层次上的数据相互适应，这也是有效制定战略的关键。[202]通过与上下级管理人员的对话，他们在向上和向下两个方向上对战略施加影响。他们可能促进企业按照战略所规定的方向前进，但也可能改变它。

中层管理人员在战略管理中起着多种不同的作用，如下：

(1) 提出战略备选方案。中层管理人员对自己所负责的部门比高层管理人员有更深入的认识，他们接近作业环节的工作，有机会听到其他部门和下属单位对既定战略提出的不同意见和建议，并对其进行初步筛选，通过自己的判断，形成新的战略构思。由于他们没有改变战略的正式权力，他们不得不向高层管理人员提出他们的方案。为了验证方案的可行性，增加方案的可信度，他们往往鼓励下属人员进行一定程度的试验，有时甚至为下属提供一些新的想法和必要的物质条件，以便于下级能够对方案进行试验和验证。当确信方案可行，并能为说服上级部门提供充分的论据时，他们就会正式向上级部门提出新的建议或方案。[203]

(2) 整合信息。中层管理的位置也为中层管理人员理解来自组织内外的多种信息提供了一个特别的视角。[204]所以，除了提出战略建议以外，中层管理人员可以不断向高层管理人员提供信息，为高层管理人员进行战略决策提供依据。而且，中层管理人员提供的信息往往经过过滤，融入了管理人员自己的见解和看法，并加入了个人的评价，所以这种信息充满了某种意义或某种倾向性，从而影响高层管理者对环境的认知。

(3) 促进企业对环境的适应性。中层管理人员能够并鼓励下属打破传统，使组织更加适应外界环境的变化。[205]中层经理具有一定的权力，可以在其职权范围内创造出一种适宜变革的环境，使得不同于正式战略的新想法得到讨论，并得到实施，对既定战略的适时更新起了一定的推波助澜作用。正是由于中层经理作用的发挥，使得战略适时更新由高层管理部门提出，由基层员工积极主动地实施变革，推动了企业对环境的适应。由此，明兹伯格所说的“自发产生的战略”也就出现了。[206]

(4) 实施既定战略，适时进行战略调整。中层管理人员的最传统的战略角色是实施企业家及其高层管理者的意图。战略实施普遍被认为是一个从高层管理人员认可的既定战略中推导出计划，并执行这个计划的机械过程。实施的环境其实是动态变化的，既定战略在实施过程中必须根据环境的变化适时更新，否则将会给企业的发展带来灾难。战略调整过程中，企业的中层管理者的作用相当重要。[207]

中层管理人员介于战略决策者和具体实施者之间，比企业高层管理者更加了解企业的具体情况，有时更能把握现实变化对企业提出的新要求。让他们参与到战略的形成过程中来，不仅可以发挥他们对具体情况更加了解的特长，增加战略的可实施性，增强他们的成就感，而且可以让他们了解战略制定的背景知识，使其对采取具体措施的原因有更深入的理解，提高其实施战略的能力。将中层管理者吸收到战略形成过程中来，显示了对其能力的认可，可以增加他们的责任感，激励他们更加积极主动地投入到战略实施中去。为此，必须加强对中层管理人员的战略性激励。

第一，在战略决策过程中，要采取民主的战略形成方式，充分利用中层管理人员熟悉本部门情况、掌握企业一线真实信息的优势，把中层管理人员纳入战略决策层，赋予其一定的战略建议、评价和决策权。通过制度设计，保证中层管理人员有效行使战略决策权，并最大限度地消除他们行使该权力可能对自身职业发展不利的顾虑。至于是吸纳部分关键性中层管理人员还是全部中层管理人员，则应该根据企业所处的行业、规模、高层管理者的管理能力、组织设计、企业文化等综合因素而定。

第二，在战略实施过程中，要在维护中层管理人员个人利益的前提下，激励他们在本部门积极有效地实施既定战略。设计合理的管理机制，明确中层管理人员的权、责、利关系，使他们既做好本部门的战略实施工作，又做好与其他部门的协调工作，把战略实施的阶段性情况及时反馈给战略决策层，以确保战略学习机制的顺畅运行。

第三，在战略变革过程中，要重点发挥中层管理者作为企业战略调整的组织者和操作者的功能，发挥他们战略创意与倡议者的功能，为决策层提供更多的战略选择。同时，在设计能够影响高层管理者接受新战略的战略性情境和执行新战略的结构化情境时，也要尽量有利于中层管理人员主观能动性的发挥，以增强战略调整能力、减少战略调整阻力。

第四，在创业活动中，要在有利于战略管理的情境下，充分发挥中层管理人员已有的创业能力，挖掘、培育新的创业能力，促进中层管理人员战略管理和创业活动的有机结合。努力培养中层管理人员的战略执行力和战略适应力，以增强战略实施的有效性。

中层管理人员要学会创造性地解决实施中遇到的问题，这是成功实施战略的重要条件。由于外界环境的复杂性和动态性，使得现在的战略方案越来越强调指导性，而对具体内容的规定相对就要少一些，从而要求中层管理人员根据实际情况创造性地提出具体方案，对于出现的一些新问题寻找到创造性的解决办法。所以，中层管理人员创造能力高低就成为企业战略能否得到贯彻实施的关键制约因素。

5.3.3 利益相关者的战略激励

企业战略实施的有效性的间接结果是对企业利益相关者的激励。大量实践证明，企业成长与其明确利益相关者关系价值及采取培育强有力的利益相关者关系的措施之间具有明显的正向关联效应。努力接近利益相关者、满足利益相关者的消费需要是企业战略实施的关键，企业应该通过各种渠道满足利益相关者的需求，增进利益相关者满意度，从而实现企业的终极目的。

(1) 影响利益相关者满意度的因素

20 世纪 90 年代初，中国走出了短缺经济。随着消费者主权思想的不断深入人心，有关消费者权益的法规逐渐完善和有效实施，消费者维权的系列活动已经蓬蓬勃勃地开展起来，企业管理中利益相关者导向、服务导向的模式在我国企业被提上议程。提供高品质的服务，追求利益相关者满意，成为企业成功经营的手段和谋求持续竞争优势的主要来源。

借鉴赫兹伯格(Frederick Herzberg)双因素理论模型，可以把利益相关者满意度的影响因素分为两类：留住利益相关者的因素和吸引利益相关者的因素。在利益相关者管理中，有效地分解这两类因素，将大大有助于企业有针对性和有重点地管理利益相关者资源。一般认为，有效的品质是留住利益相关者的因素，因为品质是利益相关者容忍的底线，也是企业生死存亡的底线；而产品和服务的创新则是吸引利益相关者的因素，因为创新可以生成令利益相关者满意的歧异化的产品和服务，从而培养利益相关者的认同性。

“真诚到永远”是海尔企业文化的核心。二次创业时的海尔提出了两点新要求，一是不断向用户提供意料之外的满足；二是让用户在使用海尔产品时毫无怨言。第一条便是吸引利益相关者的因素，第二条则是留住利益相关者的因素。但具体哪些是留住利益相关者的因素，哪些是吸引利益相关者的因素，海尔提供了细致而精彩的售前、售中、售后的一条龙服务措施，没有对两点新要求做出有针对性的分解。[208]

(2) 留住利益相关者和吸引利益相关者的措施

菲利普·科特勒将利益相关者满意界定为“一个人通过对一个产品可感知的效果(或结果)与他的期望值相关比较后所形成的愉悦或失望的感觉状态”。[209]企业的战略实施和利益相关者的预期之间是一个认知与互动过程。根据通行诠释，如果利益相关者获得的感受大于其期望时，利益相关者会感到满意；如果获得感受小于期望时，则利益相关者会不满意。笔者将企业战略行为和利益相关者预期作为两个维度，来细致探讨企业利益相关者管理中的两种因素。

企业在没有实现利益相关者预期的产品(或服务)品质时，利益相关者肯定会不满意，而企业没有实现利益相关者预期的品质改善或创新时，即便原有产品(或服务)品质合格，利益相关者也不会感到满意；企业若没有实现利益相关者没有想到的产品(或服务)品质或品质改善和创新要求时,利益相关者对企业不会有不满意。相反,企业如果实现利益相关者预期的产品(或服务)品质或品质改善和创新要求时,利益相关者基本会满意,肯定没有不满意感;如果企业实现了利益相关者没有预期到的产品(或服务)品质或品质改善和创新要求时,利益相关者一般会获得一种惊喜而感到满意,以至非常满意。

企业在直面利益相关者时可以有针对性地增强利益相关者的满意度和对品牌的认知度,培养企业的忠诚利益相关者群体。有针对性地让利益相关者感到满意以至非常满意,从而吸引利益相关者,使利益相关者由竞争品牌利益相关者、潜在利益相关者或流动利益相关者成为本企业的品牌利益相关者和忠诚利益相关者。具体可以从两方面着手:首先,企业应着力品质管理,保证企业产品或服务的质量,恪守契约;努力开展企业工艺、产品、服务和管理技法及制度创新,以更快速、便利和个性化的服务来降低利益相关者满意成本,提升企业的利益相关者价值。其次,企业还要着力开发合理有效的产品和服务标准,合理设定利益相关者需求满意的可能预期,并通过媒体来影响利益相关者的消费认知和消费预期,减少企业认知与利益相关者认知的差距,缩小企业对外承诺和利益相关者感知之间的差距,正确认知竞争对手。确保利益相关者对企业产品(或服务)品质及品质创新预期保持在一个合理的水平,以实现利益相关者预期相当于甚至低于企业标准。

5.4　战略实施支持型执行文化体系

企业战略实施过程中,必须克服企业战略实施的障碍,而克服企业战略实施障碍的有效途径就是建立战略支持型的执行文化体系。实践证明战略失败的首要原因往往并不是战略本身不好,而是因为执行能力欠缺。而执行能力缺失的原因在于企业缺乏战略支持型的执行文化体系。因此,必须构建战略实施支持型执行文化体系,提高战略实施的有效性。

5.4.1　战略实施支持型执行文化构建的原则

企业文化是影响企业战略实施有效性的重要问题,因此企业在战略实施过程中必须构建战略支持型的企业文化,实行文化变革,并且坚持以下几个原则:

市场决定的原则,是在市场经济条件下构造企业文化的首要原则。哈佛商学院著名教授约翰·科特和詹姆斯·赫斯克特的研究表明,除非企业文化能促使企业对外部环境健康地适应，否则一种强势的企业文化不能保证企业战略实施获得成功。不能促进企业适应战略环境的强势文化往往会对企业的战略实施造成伤害。

特别是中国企业现有的企业文化大多留有计划经济体制下形成的企业文化的烙印，从这个意义上说，重新塑造企业文化正是我国很多国有企业深化改革、摆脱困境的关键所在。如何根据战略实施的需要，确立战略支持型的价值观和规范，是构建战略支持型文化所要思考和解决的着重点。

自上而下的原则。科特和赫斯克特在他们合写的《企业文化与经营业绩》一书中说："通常公司中只有那么一两个人在推动企业文化变革中具有极为关键的基础作用。"毋庸置疑，这一两个人就是最高管理者的企业家。几乎所有改造企业文化的成功案例都表明，打造战略支持型企业文化只能自上而下地进行。这是因为，构建战略支持型文化意味着要提出新的价值观念，确定需要形成的企业文化。也意味着，需要改变那些与新的价值观念不协调的政策和制度，而只有最高管理者的企业家才拥有改变价值观念和深层机制的权力。同时，新的价值观念要渗透到整个企业中去，也只有从高层到一线员工，才会取得实效。

随机制宜的原则。随机制宜原则要求：要成功地改造企业文化，就必须抓住时机，找准突破点。所谓找准突破点，就是要根据本企业所处的情境，针对某些没有得到正视的问题或挑战，确立企业文化变革的方向和目标。事实上，不存在"最好"的企业文化，只有"适宜"的企业文化。改造企业文化只有与解决企业面临的突出问题结合起来，才会现实可行而更易让人接受。战略支持型企业文化的突破口就是形成有力的执行力。

机制支持的原则。确定了战略支持型企业文化的目标和方向后，应该重新考察企业的政策和制度，并着手改变那些与战略支持型企业文化要求不一致的地方，推动战略支持型文化的构建，营造出支持战略实施的文化机制，最重要的是分配机制和晋级提升机制。有效的支持机制能够有力地推动企业文化改造。如果得不到与战略实施相适应的企业文化机制的支持，企业文化就不可能发生最真实、最持久的改变，最终企业文化的变革就会因流于形式而走向失败。

资源匹配的原则。企业文化既影响战略和组织结构，又受战略和组织结构的影响。在改变企业文化的时候，必须考虑目标文化与战略、目标文化与组织结构的匹配性问题。首先，战略和文化之间必须一致。通常，实现新战略是企业改造文化的主要动力。企业现有的文化往往是与其过去的战略相适应的，当企业采取新的战略的时候，必然会产生文化对战略的不适应问题。其次，组织结构和文化必须匹配。各种类型的组织结构都应有与它自己相匹配的文化。当两者并不匹配时，或者一个改变而另一个保持不变时，就会导致冲突。如果组织结构不支持所期望的战略支持型文化，那么改造企业文化就会更加困难，甚至走向失败。在改造企业文化的同时必须调整组织结构，使之与目标文化相匹配，这一点非常重要。

利用企业外脑的原则。荷兰学者吉尔特·霍夫施泰德认为，成功的文化变革必须有一个掌权者和一位专家这两种人的联合作用。企业的掌权者应是最高管理者企业家，专家则是来自企业外的。改造企业文化的努力要获得理想的回报，主要取决于最高管理者企业家的理念、意志、勇气和领导能力。专家至少可以在三个方面发挥作用：帮助分析问题，对现行文化进行清楚的和无偏见的分析诊断；帮助寻求对策，即参与拟定战略支持型文化目标模式；三是协助实施改造，专家有助于企业在战略实施过程中避免犯一些企业曾经犯过的错误。

重视文化积累的原则。企业文化是企业长期发展的积累。在建构战略支持型企业文化的过程中，要力求在短期内取得一些可见的成果，从而使员工们产生信心和希望。凡是需要改变企业文化的企业，一般都存在消极的情绪。如果不扫除这些消极情绪，就会形成企业战略实施的障碍。构建和改造企业文化时，应设立一系列恰当的短期目标，保证战略实施的顺利进行。

积极谨慎的原则。现行的企业文化具有巨大的惯性，改造企业文化涉及到打破企业中久已存在的定势，也会遇到员工抗拒改变的阻力。在改造企业文化时，如果态度和行动过于消极，没有足够的信心和力量，那么企业的文化可能不会改变。谨慎，就是在改造企业文化的同时，应注意保护企业的优势特色和员工的自尊心，不可操之过急。战略支持型文化的构建意味着改变员工们长期固定的态度和观念后不可避免地会引发出各种矛盾。如果没有采取介绍情况、讨论、征询意见、培训等措施帮助员工调整心态和改变观念，就强制推行新的企业文化，那么建构战略支持型的企业文化很可能会由于挫伤员工的利益而受到员工们的抵制，某些矛盾还可能会激化，从而削弱战略实施的效果。

5.4.2　战略实施支持型执行文化构建的内容

战略实施必须应对未来的不确定性和风险，尽管战略实施前组织必须做好各种资源的评估，但由于组织文化的存在，不同个体对战略实施的结果接纳性及风险意识不同，对战略实施的态度也就自然不同，有的甚至成为战略实施的障碍。需要及时创建一种支持战略实施的组织文化，以适应战略实施的需要。海尔在进入金融业的多元化战略上，各方舆论大多持怀疑的态度，甚至对其财务状况提出质疑。然而，正是海尔的战略支持型企业文化促使了海尔的成功。战略实施支持型执行文化的内容如下：

构筑共同愿景。战略实施能否成功的关键在于如何得到企业员工的支持从而取得成功。因此，必须利用战略沟通来共同规划企业的共同愿景。

一个有效的愿景，应该是对组织成员的一种宏伟的承诺，使人们憧憬实现目标后的收益，它应该具备以下特征：能够让人们激情澎湃，能够鼓励成员，调动他们的积极性，让人们觉得有点不切合实际但又愿意为之而奋斗，是一个让人觉得可笑却又折服的目标。一个令人振奋不已的愿景很容易在股东、员工及其他相关利益者之间的沟通中达成共鸣。如果没有规划共同愿景，战略实施很容易在一大堆项目的混乱选择中消失。从观点上对员工进行危机意识的阐明，让员工明白如果不及时进行战略实施，企业的生命将受到威胁，从心态上迫使员工接纳战略实施的重要性。同时在这阶段中也要按愿景规划中所提到的，给员工一个足以让他们兴奋不已的蓝图。所以战略实施时要和员工共同创立新的愿景，让他们提供帮助，甚至于牺牲短期利益，用愿景激发员工变革的欲望，这是战略实施必不可少的一个环节。

创新既有价值观。战略实施是组织对战略预先采取的管理行为，它往往会涉及到几个方面的因素，环境评估、领导变动、战略与经营变化的联系、人力资源管理及战略管理中的协调，这些无一不是跟组织的价值理念有关，因为战略实施最终会落实到每一个人的行动中。促进组织中的人拥有变革的观念，对既有的价值观进行创新，使之匹配新的战略实施框架，是战略能否实施的价值基础。正如前面所谈到的，一个组织的价值观是该组织对于组织内部和外部各种事物和资源的价值取向，是组织在长期的企业哲学指导下的共同价值观。它虽然可以随企业战略实施而改变，但是文化本身具备的相对稳定性及持久的惯性使得战略实施充满阻力，这种特定的文化理念也正是战略实施的绊脚石，因此要在战略实施之前进行既有价值观的创新，使其适应新的组织战略。

创新价值观并非能在短期内奏效，需要经过一个既有价值观解冻、创新、深化的过程。要配合战略实施过程逐步推进，可以分三个阶段来运行。首先是解冻(Unfreezing) 阶段。组织专门人员对原有价值观进行分析，按战略实施的思路，确定需要变革的因素，在审核评估的基础上扬弃既有的价值观体系。第二个阶段是创新(Innovation) 阶段，战略实施需要有新的价值体系来支撑它，不然就会像空中楼阁一样，失去了牢固的地基。如果战略实施是告诉人们怎样改变的方法，那价值体系的创新则是告诉人们为什么要改变的理由，因此创新就需要员工共同探讨企业以后生存下去的方式。第三个阶段是深化阶段(Deepening)，要让新的价值观在组织成员中传播并逐渐被接受。任命新的高层管理人员是一场新的价值观变革的前戏,他们为组织注入新的价值观,同时还会对组织进行重组,改变组织的架构,它传送给成员战略实施的决心及新价值观导入的启动。

企业家及其高层领导团队身体力行。价值观念并不像战略、组织机构、人力资源等管理职能一样清晰可见,也无法在短期内见效,要使组织中的每一个人去实践共同的价值观,领导团队的身体力行最为重要。但从根本上说,企业文化要靠每天的决策、做事的方法来形成,而且,企业文化是通过多数人形成的,不是一个领导者提倡就能形成的。领导者的作用是,通过非常敏锐的观察力观察出这个组织所有人的心理以及客观的困境,通过口号,通过行为,形成一个共识,让大家行为一致,形成强势的执行文化,为企业的战略实施服务。

让价值观体现在工作绩效上。任何精神层面的东西,如果不体现在物质层面上,是不可能让人们折服的。要员工信奉共同价值观,必然就要让他们相信这样的价值观是能够给他们带来绩效的,无论是在薪酬上或者是个人发展空间上,必须有一个体现的载体。所以要有意识地向员工表明新的战略实施是如何帮助他们提高工作绩效的,使他们对战略实施的作用产生与价值观的联系,从而愿意去接受并坚持这种价值观。

企业当前利益和长远利益的有效结合。企业总是与经济利益分不开的,盈利是企业的中心任务。但企业面对多种利益尤其是当前利益与长远利益的冲突时,就必须作出选择。企业的当前利益与长远利益必须结合起来,二者不可偏废。一般来说,战略实施过程中往往容易出现战略短视,因贪图一时的小便宜而丧失了以后更多的盈利机会。富有远见卓识的企业,总是把长远利益置于当前利益之上,有时宁可牺牲一些眼前的利益。当前利益和长远利益的矛盾和冲突的情况,在企业战略实施过程中经常会遇到,这虽然会损失一些当前的利润和投资机会,却为长期的发展提供了动力。

形成战略支持型的主流文化。在战略实施开始阶段,组织成员往往在观念上无所适从,文化惯性使他们怀疑战略实施的有效性,既有利益者更可能会在非正式场合散播战略实施的不利因素。如何让战略支持型的执行价值观成为坚定不移的价值取向,是战略实施的关键。让反对和不支持战略实施的人离开团队,奖励在战略实施中有示范效应的员工,是使员工清楚何者是对、何者是错的捷径。战略实施是需要付出成本的,解雇不适合战略实施的成员,形成战略支持型的主流文化,坚决清除战略实施的障碍,重审既有价值观,寻找出战略实施过程中阻碍组织文化重塑的原因,打造战略支持型的执行文化是战略实施有效性的重要保证。

战略实施支持型的企业文化具有以下功能：①导向功能。企业文化明确企业的价值观，清晰表明哪些是企业所倡导和遵循的，并以此指导和牵引员工的行为。②凝聚功能。通过理念、制度和行为层的文化传播，尤其是通过榜样的示范作用，对每个员工的贡献予以承认，使员工产生归属感。③激励功能。员工的归属感和有高度价值的目标感，成为员工内在激励因素。这种来自价值认同和高度归属的激励，其作用远远超过物资方面的激励效果。④约束功能。战略支持型的执行核心价值观指导员工的战略行为、规范员工的战略行为，同时约束员工的战略行为。

最重要是我们需要强化企业文化的执行导向功能，用愿景来引领企业员工，用价值观来指导和规范员工的战略行为。要发挥企业文化的导向作用，关键在于需要言行一致，所提倡的一定要真正发自内心，而且要身体力行。因此我们在设计企业文化时，不一定要包罗万象，面面俱到，而应该从少而精做起，所倡导的一定是能够做到的，并且有英雄人物作榜样，由高层领导示范。企业文化的核心在于执行力，尤其是高层的行为榜样作用。战略支持型的企业文化真正的作用在于由内到外地指引战略行为的实施，凭着这种发自内心的信念或信仰，才能产生强大的、真正的凝聚和激励作用。

5.5 企业家的战略实施有效性的评估与控制

5.5.1 战略实施有效性的评估

绩效是战略管理的终极目标。企业家的战略实施有效性的评估是对企业既定战略在执行的过程中，采用特定的指标体系，对照统一的评价标准，通过采用一定的数理方法，全面、客观、公正、准确地评价部门所取得的业绩和效益。战略实施有效性的评估是战略实施过程中重要的工作，是战略实施绩效评价的核心，必须引起企业家及其高层管理层的相当重视。战略实施有效性评估的作用如下：

(1) 认识功能。通过战略实施有效性评价可以对企业各个单位的战略实施情况有比较全面、客观的认识，并根据一定的评价指标确定激励措施，做到奖惩有一定的定量依据，避免因绩效考评不科学而产生的消极作用。

(2) 考核功能。通过战略实施有效性评价可以考核企业家领导下的企业各单位各级管理层以及一线员工的业绩和战略管理水平，各单位的绩效状况首先决定于这个单位的领导人战略执行能力与领导人的综合素质。同时有利于企业家领导的管理团队优胜劣汰机制的形成，有利于建立权变型战略实施管理团队。

(3) 导引、促进功能。通过对企业各单位战略实施有效性的评估，可以规范各单位的战略实施行为，保证单位朝着既定战略的方向前进，避免因各单位的短期战略行为可能对企业长期战略造成的损害。调动各战略单位创造良好业绩的积极性，以促进各项事业顺利发展。产生整体功效大于各战略实施单位之和的功效。

(4) 纠正功能。通过战略实施有效性评估可以及时了解战略本身存在的问题，及时进行战略调整；同时发现各单位存在的问题以及差距和优势，及时作出正确决策从而达到发挥战略优势，克服因战略环境变化而使战略难以实施的劣势，充分挖掘企业各单位的战略资源和管理潜力，进一步提高企业的战略实施有效性。

尽管评估战略实施有效性是个复杂而又困难的工作，为了建立科学的绩效测评机制，必须正视战略实施有效性的评估，努力克服评估系统本身不够完善的的弊端，克服评估指标权重的技术性因素，尽量消除因战略实施绩效评价存在的不公平性而导致员工战略行为低效的现象。

战略管理有效性是建立科学合理的战略实施有效性评价方法的核心内容。战略实施有效性受到战略实施所采用的模式、绩效管理、评价理论与方法以及企业执行力和战略自身的有效性等因素影响。战略实施有效性思想消除了评价对象之间客观基础条件优劣对绩效评价结果的影响，这使得绩效评价方法更为公平合理。战略实施有效性的思想便于被评估企业各单位寻找差距，分析战略行为低效的主观和客观原因。以战略实施有效性为核心内容，建立科学合理的绩效评价理论与方法有助于绩效管理的实施，有助于实现把一切工作转到以提高企业绩效为中心的工作上来，有助于形成一种有特色的战略实施管理模式。

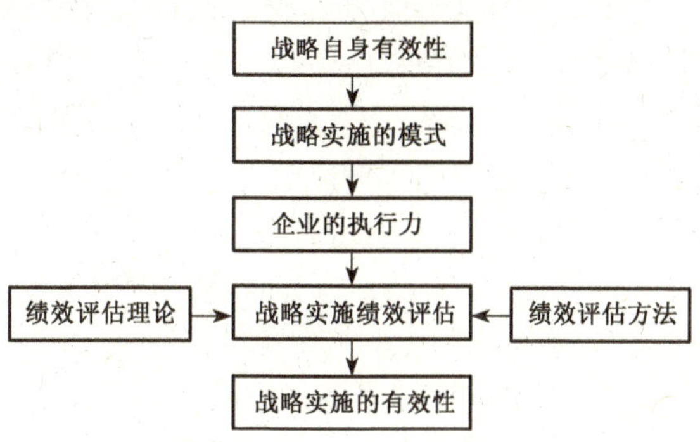

图 5-3 影响战略实施有效性的因素

5.5.2 战略实施有效性的控制

(1) 初次评估方法的缺陷

战略实施有效性的评估是一种适应时代需要的管理模式。评估的困难主要在于现有的评估结果往往偏向战略实施短期结果，忽视战略实施有效性对企业的长期发展作用，难以真正反映企业员工主观有效努力程度，其激励作用是有限的，甚至是消极的。在客观现实中，大大伤害了很多企业管理层及其员工的积极性，使他们产生了战略消极行为，一定程度上影响了企业战略实施的持续性。

(2) 二次评估方法

为了对战略实施有效性进行有效控制，规避初次评估弊端，笔者提出二次相对效益方法测算基于企业家的战略实施有效性，从而有利于战略实施绩效管理的开展。具体方法如下：

1) 参考指数、当前指数、指数状态

在建立绩效评价指标体系后，采用已有的一些评价方法，例如层次分析法(AHP)、功效系数法等，可以对以往的状况进行测算，得到的指数反映了被评对象的客观基础条件状况，我们称之为参考指数。当然，我们可以用同样的指标体系以及同样的方法对当前的状况进行测算，得到的指数称为当前指数。设 x_j 是第 j 个被评单位的参考指数，y_j 是该被评单位的当前指数，其中 $x_j \in E_1$，$y_j \in E_1$，我们称数组(x_j, y_j)为第 j 个被评单位的指数状态。

我们先给出这种测算方法的具体思路，然后再给出具体的数学模型和测算方法。

将参考指数作为横坐标 X，把当前指数作为纵坐标 Y。假设有三个被评对象参加评估，它们的指数状态分别是 $A(x_1, y_1)$，$B(x_2, y_2)$，$C(x_3, y_3)$，它们在平面坐标上的位置如图 5-4 所示。评价对象 B 的参考指数介于评价对象 A、C 之间，即 $x_1 < x_2 < x_3$。如果评价对象 B 的指数状态 $B(x_2, y_2)$低于 $A(x_1, y_1)$与 $C(x_3, y_3)$的连线 AC，那么可以认为评价对象 B 的战略实施有效性不如评价对象 A 与 C。如图 5-5 所示。

我们可以在平面坐标上标出所有被评对象的指数状态，采用数据包络分析(DEA)方法可以得到指数状态可能集的前沿面。任何一个被评对象(X, Y)均介于某两个处于前沿面的被评对象之间，将该被评对象的当前指数 Y 在前沿面上的对应值记为 Y'，Y 与 Y' 的比值 η 可作为战略实施有效性程度的一种度量。

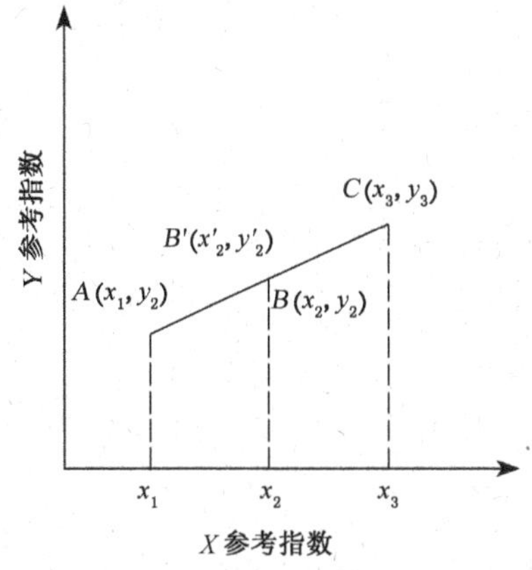

图 5-4　被评对象有效性主观努力程度的几何解释

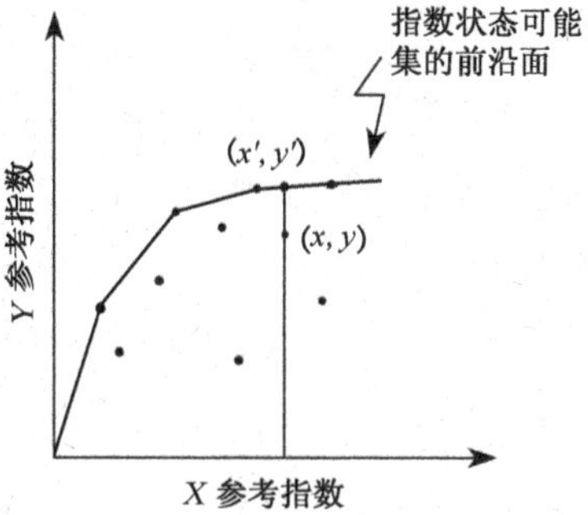

图 5-5　指数状态可能集的前沿面

2) 测算战略实施有效性的数学模型

设观察到各测评单位的指数状态为 (X_j, Y_j)，$j=1, 2, 3, L, n$，我们称

$$T=\left\{(X,Y)\middle|\sum_{j=0}^{n}\lambda_j x_j \leqslant ,\sum_{j=0}^{n}\lambda_j y_j \geqslant y,\right.$$
$$\left.\sum_{j=0}^{n}\lambda_j=1,\lambda_j \geqslant 0, j=0, 1, 2, L, n\right\}$$

为由上述指数状态 (x_j, y_j)，$j=1, 2, 3, L, n$ 组成的指数状态可能集，其中 $(x_0, y_0)=(0,0)$。

将参考指数作为一种输入，将当前指数作为一种输出，采用 Charnes 提出的数据包络分析(DEA)构造生产前沿面的方法，可以构造出指数状态前沿面。为此，建立以下的数据包络分析(DEA)模型：

$$\begin{aligned}
&\max Z\\
&\text{s. t. } \sum_{j=0}^{n}\lambda_j x_j \leqslant x_{j0}\\
&\qquad \sum_{j=0}^{n}\lambda_j y_j \geqslant Z_{yj0}\\
&\qquad \sum_{j=0}^{n}\lambda_j = 1, \forall \lambda_j \geqslant 0\\
&\qquad j=0, 1, \cdots, n
\end{aligned}$$

如果上述线性规划的最优值为 $Z^0=1$，则称该被评单位处在指数状态可能集 T 的前沿面上。一般地，若 Z^0 是线性规划(1)的最优值，令 $\overline{x}_{j0}=x_{j0}$，$\overline{y}_{j0}=Z^0 y_{j0}$，不难看出($\overline{x}_{j0}$，$\overline{y}_{j0}$)处在指数状态可能集的前沿面上，我们称($\overline{x}_{j0}$，$\overline{y}_{j0}$)为第 j_0 个被评单位的指数状态(x_{j0}，y_{j0})在指数状态可能集前沿面上的投影。

指数状态前沿面包络了全部指数状态(x_j，y_j)，$j=1, 2, 3, L, n$，它反映了被评系统输入输出之间的最优关系。DEA 方法同时又提供了反映被评单位偏离指数状态前沿面的程度，由此可以得到各被评单位的相对有效值。

设 Z^0 是(1)线性规划的最优值，

$$\eta = 1/Z^0 \times 100\% \tag{2}$$

η 为第 j_0 个被评单位的二次相对效益，它是被评单位战略实施有效性的一种度量。通过对战略实施有效性科学与合理的评估，能够消除客观基础条件优劣的影响，真正反映企业员工的战略实施有效努力程度。用战略实施有效性测评方法对企业进行绩效考核可以实现对所有的企业战略行为的激励作用，从而激发企业员工的潜能，引导企业员工的战略行为，从而实现企业的战略愿景与战略使命。

本章小结

本章基于企业家的战略实施应用思路，探讨企业战略实施过程中的领导核心企业家、战略控制、战略平衡、战略激励及战略沟通，最后形成了战略实施应用模型。通过战略实施过程中领导职责与企业家领导力之间的关联分析，突出企业家胜任力和执行力在战略执行过程中的统帅和推动机能，也将论文的基点落足于此，从而起到课题研究的收宫之效。

第六章　基于企业家的战略实施个案分析

本章引言

学术界和企业界一致认为，海尔的成功源于基于企业家的战略实施的成功运用，企业家张瑞敏的成长与海尔发展的三个阶段战略实施的成功，说明了基于企业家的战略实施是中国转型时期企业战略实施的主导范式，随着市场经济的发展，它仍将存在相当长的一段时期。

6.1　海尔的基本情况

纵观当今世界企业的发展，企业界和学术界一直认为，海尔是中国典型的企业家模式。20 年来，海尔集团已由一个亏空 147 万元的集体小厂，发展成为 2004 年全球营业额 1 016 亿元的中国第一品牌，保持了平均每年 80％的发展速度，并在全世界获得越来越高的美誉度。海尔作为中国的标杆企业，20 年的成长经历，用事实说明了基于企业家的战略实施在海尔的成功运用。张瑞敏作为企业家，他所具有的异质型人力资本和政治资本在企业的战略实施过程中发挥了重要作用。张瑞敏的领导和张瑞敏为海尔打造的强势的执行型企业文化是海尔成功的根本；海尔永恒的利益相关者导向是海尔国内和国际化业务成功的重要基础；在海尔的国际化进程中，海尔名牌战略的实施显现了企业家张瑞敏的异质型人力资本的作用。根据中国以及世界企业发展的历程，我们不难看出：基于企业家的战略实施模式将在一个相当长的时期内一直存在。

6.1.1　海尔的发展历程

1984 年，张瑞敏由青岛市原家电公司副经理改任海尔前身——青岛电冰箱总厂厂长。上任之初，他就确立了“名牌战略”思想，带领员工抓住机遇，加快发展，创造了从无到有、从小到大、从弱到强的发展奇迹。20 年来，海尔集团已由一个只有 800 人、亏空 147 万元的集体小厂，发展成为具有 3 万员工、2004 年全球营业额 1 016 亿元的中国特大型企业，保持了平均每年 80%的发展速度。[210]

1998 年 12 月，海尔冰箱在全国冰箱评比中，以最高分获得中国电冰箱史上的第一块金牌。1991 年，海尔冰箱又被评为“全国十大驰名商标”。此时的海尔在管理、技术、人才、资金、企业文化诸多方面都有了可移植的模式，从而奠定了海尔在中国家电行业的领头地位。

从 1991 年到 1998 年，海尔先后兼并了 18 家亏损企业，全部扭亏为盈，并使海尔多元化战略得以以低成本实施。海尔产品从单一的冰箱，发展到包括空调、洗衣机、彩电、电脑、手机等 69 大门类的 1 万多个品种。海尔冰箱、冷柜、空调、洗衣机的市场占有份额都居国内同行业之首。

2000 年 3 月，美国海尔工业园的冰箱项目正式投产，它所生产的冰箱在美国市场供应，并且通过当地设计、当地制造、当地销售，在当地深深地扎下根。之后，海尔按照“先难后易”的既定策略，在巴基斯坦、孟加拉国等发展中国家相继建立了海尔工业园和工厂，在意大利收购了当地一家大型冰箱制造厂。

如今，海尔集团坚持全面实施国际化战略，已建立起一个具有国际竞争力的全球设计、采购、制造、营销与服务网络，已经在世界各地建立起 30 家海外工厂、56 个贸易中心、15 个设计中心，58 000 个营销网点，拥有 3 000 多名全球经理人，产品销往世界 160 多个国家和地区，并成为当地消费者认同的知名品牌。经过 20 年来持续稳定的发展，海尔已成为海内外享有较高美誉的大型国际化企业集团。产品从 1984 年的单一冰箱发展到拥有白色家电、黑色家电、米色家电在内的 96 大门类 15 100 多个规格的产品群，并出口到世界 100 多个国家和地区。① 2004 年，海尔的全球营业额突破 1 016 亿元，蝉联中国最有价值品牌第一名，品牌价值高达 616 亿元。由世界品牌实验室（World Brand Lab）独家编制的 2005 年度《世界品牌 500 强》排行榜中，海尔再次入围世界百强品牌，荣居第 89 位。2005 年，英国金融时报公布“中国十大世界级品牌”调查结果，海尔荣居榜首。

---

① 注：国外把家电分为 3 类：白色家电、黑色家电和米色家电。白色家电指可以替代人们家务劳动的产品；黑色家电可提供娱乐，像彩电、音响等；米色家电指电脑信息产品。除以上几种外，还有绿色家电，指在质量合格的前提下，高效节能且在使用过程中不对人体和周围环境造成伤害，在报废后还可以回收利用的家电产品。

据中怡康公司统计，海尔在国内市场是名副其实的中国第一品牌；海尔在中国家电市场的整体份额已达21%，大大领先于竞争对手；海尔在白色家电市场上处于垄断地位，市场份额为34%，已经大大超过国际公认垄断线；海尔在小家电市场后来居上，市场份额为14%，已经超越小家电传统强势品牌而位居第一。

在国际市场上，海尔小冰箱、酒柜在美国的市场份额占第一；海尔洗衣机在伊朗的市场份额占第一；海尔空调在塞浦路斯的市场份额占第一。据全球权威消费市场调查与分析机构EUROMONITOR最新调查结果显示，按营业额统计，海尔集团目前在全球白色电器制造商中排名第四，海尔的目标是成为世界白色家电行业的第一制造商。

2002年3月4日，海尔在美国纽约中城百老汇购买原格林尼治银行大厦这座标志性建筑作为北美的总部，此举标志着海尔的三位一体本土化战略又上升到新的阶段，说明海尔已经在美国树立起本土化的名牌形象。2003年8月20日，海尔霓虹灯广告在日本东京银座四丁目黄金地段点亮，这是中国企业第一个在东京银座竖起的广告牌，也成为中国企业在海外影响力上升的标志。

为应对网络经济和加入WTO的挑战，海尔从1998年开始实施以市场链为纽带的业务流程再造。第一个5年中，海尔主要实现组织结构的再造，改变传统企业金字塔式的直线职能结构为扁平化、信息化和网络化的市场链流程，以定单信息流为中心带动物流、资金流的运动，加快了用户零距离、产品零库存和零营运资本"三个零"目标的实现。海尔第二个5年市场链流程再造的目标是把每一个员工经营成SBU(策略事业单位)，也就是自我创新的主体，激发员工的活力以提升企业整体市场竞争力。

20年来，海尔向社会奉献了真诚。海尔向全球用户提供了数亿台的产品，创造并满足了很多用户的需求，海尔已经成为用户喜爱的产品。海尔累计上缴约136亿元税金，仅2004年就上缴约20亿元税金，平均每天上交550万元税金。

海尔向社会奉献了爱心。海尔计划建立100所希望小学，现在已资助建立了47所希望小学。另外海尔自身所解决的就业员工有5.1万人，社会上直接为海尔服务的人员达到17.5万人，加起来相当于为社会解决了近23万人的就业。

海尔向社会奉献了海尔的管理模式。为了实施企业的发展战略，海尔从濒临破产的家电小厂成为超常规发展的跨国集团，海尔在企业战略实施过程中总结了很多战略实施的方法：斜坡球体理论、OEC管理、目标控制系统、日清系统、有效激励机制、80/20原则、赛马机制、激活"休克鱼"、新木桶理论、三工并存、动态转换、红白票制度、市场链机制、与客户的零距离、绩效薪酬、星级服务、道家文化与海尔文化、团队意识与吃苦精神、个性舒展与创新竞争、名牌战略、多元化经营、国际化战略等。

到目前为止，先后有美国的哈佛大学和南加州大学、瑞士洛桑国际管理学院、法国的欧洲管理学院、日本神户大学等 7 所商学院以海尔为对象共做了 16 个案例，涉及企业兼并、财务管理、企业文化等方面，尤其是颇具权威的瑞士洛桑国际管理学院为海尔做的市场链案例已被纳入欧盟案例。海尔人的目标是打造世界级的名牌。[211]

海尔的战略目标就是使海尔成为世界名牌，张瑞敏领导的海尔人成功地实现了这一战略愿景。2004 年，海尔品牌价值实现 616 亿元，蝉联中国第一品牌。2004 年 11 月，全球著名财经媒体《金融时报》和全球五大会计师事务所之一的普华永道联合评选出的最受尊敬的中国企业中，海尔蝉联最受尊敬企业美誉。张瑞敏和他的同事们已经把一个街道小厂打造为国际知名的跨国企业，在世界市场经济舞台上为中国树立了真正优良的企业形象。

6.1.2 张瑞敏的成长历程

张瑞敏，中华人民共和国的同龄人，山东省莱州市人，高级经济师，1995 年获中国科技大学工商管理硕士学位，现任海尔集团党委书记、董事局主席、首席执行官。张瑞敏是中共十四大、十五大、十六大代表。2001 年，张瑞敏荣获全国优秀共产党员称号，在党的十六次全国代表大会上，张瑞敏光荣当选为第十六届中央委员会候补委员。政治上的进步为张瑞敏的企业家之路奠定了雄厚的政治资本，政治资本积淀的同时也为张瑞敏积累了相当雄厚的社会资本。这些为海尔的国际化之路及其成长壮大奠定了重要的基础。

1997 年，张瑞敏荣获《亚洲周刊》颁发的“1997 年度企业家成就奖”；1999 年，张瑞敏被英国《金融时报》评为“全球 30 位最具声望的企业家”第 26 名；2002 年，张瑞敏荣获国际联合劝募协会设立的“全球杰出企业领袖奖”和“最佳捐赠者奖”，是国内唯一获此殊荣的企业家；2004 年，美国《财富》杂志选出“亚洲 25 位最具影响力的商界领袖”，张瑞敏排名第六位，是入选的中国大陆企业家中排名最靠前的；2005 年的《财富》杂志中文版推出“中国最具影响力的 25 位商界领袖”，张瑞敏位居榜首。[212]这些耀眼的荣誉既是对张瑞敏的异质型人力资本的肯定，同时为张瑞敏积累了一定的社会资本，尤其是政治资本，而这些资本在当今的社会转型时期，为海尔的成长储备了其他企业难以复制的无形资源，也成为海尔核心竞争力的重要来源，是海尔 20 年来打造企业“名牌战略”优势所在，也是海尔持续竞争优势的重要来源。张瑞敏才思敏捷，博学多才，世人称“哲商”。他对待成就的哲学是：“永远战战兢兢，永远如履薄冰”。他创建的海尔执行型企业文化使3万海尔人迸发了极大的活力。

在管理实践中，张瑞敏将中国传统文化精髓与西方现代管理思想融会贯通，“兼收并蓄、创新发展、自成一家”，创造了富有中国特色、充满竞争力的海尔执行文化。从“日事日毕、日清日高”的OEC管理模式到每个人都面向市场的市场链管理模式，张瑞敏在企业管理上的不断创新赢得了国内外管理学界的高度评价。

总之，海尔和张瑞敏的成功可以归结为基于企业家的战略实施的成功运用。具体表现如下：一是张瑞敏本人区别于一般企业经营者的非凡的领导力，而异质型人力资本和政治资本正是领导力的特征；二是海尔集团的强大的执行力；三是作为海尔的首席执行官，张瑞敏为海尔打造了强势的执行力文化；四是永恒的利益相关者导向，“真诚到永远”成为海尔的文化精髓，以此也为海尔赢得了巨大的无形资产；五是张瑞敏的企业家精神对其内在激励，深厚的传统文化底蕴、坚韧不拔的意志力和对振兴民族工业的执着追求一直影响着他；六是人才动态管理的竞争机制，把企业团队的合作需要与人才脱颖而出的竞争需要有机地结合起来；七是企业战略实施过程中的适时战略调整，包括战略和组织等的变革等。

6.2　海尔基于企业家的战略实施分析

6.2.1　企业家张瑞敏的领导

海尔的成功离不开企业家张瑞敏的正确领导，张瑞敏具有非凡的领导力和强大的执行力。海尔20年的成功经验说明了基于企业家的战略实施在海尔的成功应用。张瑞敏凭借自己的领导力和执行力为海尔培养了强势的战略执行力，使海尔成为中国标杆企业，同时张瑞敏自己也成长为优秀的企业家。张瑞敏选择海尔，正如海尔选择张瑞敏一样，海尔的成功和张瑞敏的成长过程符合帕雷托的最优过程。

张瑞敏是一个典型的商界学者，人们称之为“哲商”。他的领导力源于其重要的哲学文化底蕴。他几乎阅读了所有最先进的管理论著，其书目甚至延伸到中国的哲学思想范畴。但张瑞敏没有照搬任何一种理论，他运用“思想搅拌机”式的去粗取精模式，涉猎一切有见地并且符合海尔发展实际的理论精华，在实践中创立了海尔独特的经营哲学：看似违反了商业利润的通常法则，恰恰形成了此后海尔世界意义的经营理念;从来就不是以直接追逐利润为指向,而是以通过创造品牌价值为消费者创造使用价值为目标。

在海尔的世界名牌战略实施过程中,张瑞敏把中国传统哲学的核心思想"内圣外王"变为"外王内圣",并应用到海尔的经营理念之中。外王就是要创世界名牌,内圣就是提高海尔的自身素质。张瑞敏提倡《大学》里的"三纲",三纲就是"明明德"、"亲民"、"止于至善"。"明明德"就是指以企业家张瑞敏为首的高级管理团队要以身作则,整个团队的人际关系也是透明的;而"亲民"就是海尔的每个员工即SBU都能够创新;"止于至善"就体现在我们企业的精神上——追求卓越。

张瑞敏崇尚三位圣哲:一是老子,二是孙子,三是孔子。其一,张瑞敏将老子《道德经》中的两点作为他的座右铭:一是无形比有形更重要,天下万物生于有,有生于无,无形就是灵魂,正如《道德经》中所言"道生一,一生二,二生三,三生万物"一样,万物的根源是"道",它是无形的。对企业而言,这个"道"就是企业文化。正是依靠这种企业文化,以及企业与员工的共同愿景,海尔才能够成功实施了企业的战略。这就是一种精神的力量,通过这种精神的力量使全体员工精诚团结,自觉地努力工作,减少了道德风险行为,节省了监督成本和激励成本,提高了企业收益。其二,古为今用的战术思想,如《孙子兵法》的"兵无常势,水无常形"对张瑞敏的影响很大。张瑞敏作为一个企业家,不但具有异质型人力资本和政治资本,还具有驾驭市场的潜质,是一名合格的企业家。其三,孔子在论语中教导人们做人要正直,崇尚团队精神,这一点对张瑞敏的影响也很大。海尔具有一支在首席执行官张瑞敏领导下的非常团结的高级管理团队。企业的战略实施靠的是全体员工的共同奋斗,因而,作为一个企业家只要善于激发员工的团结合作精神,众志成城,就没有克服不了的困难和做不了的事情。企业家张瑞敏领导的海尔人,不仅有熊彼特所说的追求胜利的"精神王国"的热情,而且实行了"能者上、庸者下、平者让"的人才动态管理机制,这些对战略执行过程中海尔人潜力的激励起到了相当重要的作用。

张瑞敏的领导力表现为哲人的思维,体现在对战略管理态势的正确把握上,深知知识经济时代的战略态势已经由传统的战略竞争变为既竞争又合作。张瑞敏认为品牌与品牌之间,不只是竞争关系,也可以是合作关系,单个企业不可能满足所有消费者的需求,也不可能打败所有的竞争对手,对抗不如对话,竞争不如合作——竞合,从而实现优势互补,资源共享,共同满足消费者的需求。因此,海尔通过与三洋的合作,利用三洋的运营渠道进入了日本市场。

海尔成功的管理思想体现在企业的战略执行方面,认为就中国企业而言,无论是做品牌还是贴牌都要具有世界级竞争力,必须注重企业的三个执行流程——组织结构、业务流程和企业文化。张瑞敏正是重视海尔的战略执行的三个流程，培养海尔的执行文化，打造了海尔强势的执行文化。张瑞敏领导的海尔有许多经典管理名词或警句为我们所熟识：斜坡球理论、日清日高（OEC）、木桶理论以及今天的型号经理。海尔的"出口创牌而不是出品创汇"理论，是海尔世界意义的哲学层面的基础。海尔反传统的竞争哲学理念，具体表现为张瑞敏所述的"三步曲"战略：第一是走出去，第二是走进去，第三是走上去。在走出去阶段，海尔实施了著名的"先难后易"战略——到最发达的国家去展现自己的品牌。获得了高端市场认可后，获得低端市场认可也就顺理成章。走进去，就是要成为当地本土化的企业，而其中的标志便是美国南卡州的海尔工厂。第三步是海尔最终的追求，走上去——成为当地的名牌。通过当地融资、融智、融文化和创世界一流品牌的"三融一创"，海尔在世界各地构建了特色鲜明的海尔品牌，而这众多的与当地市场融为一体的品牌构成了消费者认同的世界名牌。

作为一名企业家，张瑞敏的领导力还表现在其独特的创新精神上，具体表现在海尔的战略创新过程中。张瑞敏认为，海尔的执行文化是海尔的创新因子。要使员工持续有活力，就要把创新基因植入到每一个人身上。海尔执行文化最外层是物质文化，再往里是制度文化，最核心的是价值观，海尔的价值观是创新，但怎么创新，就要形成一个氛围，使每个人都具有这种执行文化。正是张瑞敏的领导，才使海尔人迸发出创新的精神，海尔才得以成功。

6.2.2　海尔战略实施的有效性

（1）科学、有效的的既定战略

海尔科学而有效的既定战略就是永远的"名牌战略"导向。通过研究海尔的发展史，可以发现，早在1985年，也就是海尔刚刚起步、还处在困难的阶段，张瑞敏就明确地提出了创造名牌的目标。想想看，这个时候，许多企业连商标意识还没有树立起来，更谈何名牌意识？海尔的战略目标就是把海尔打造为世界级的品牌。海尔对名牌认识得最早，而且一直把名牌战略作为自己的基本战略加以持续实施，其代表事件就是"砸冰箱"。张瑞敏决定由责任人通过砸掉76台问题冰箱砸醒职工的质量意识，使每一位员工树立了名牌观念。为了成功实施企业的"名牌战略"，张瑞敏领导的海尔人狠抓产品质量，使客户与海尔之间建立了一种牢固的信誉关系，海尔在张瑞敏的领导下，用7年的时间，通过专心致志生产冰箱的过程实施了名牌战略，建立了全面质量管理体系，从而提高了海尔的经济绩效。但是目前仍然有许多企业家认为，自己的企业很小，企业还没有更多的富余资金，所以没有能力实施名牌战略。他们不明白,企业不是等做大了以后再搞名牌战略,而是应该利用名牌战略做大企业。是否把名牌战略放在重要的地位,现在仍然是我国一些企业没有解决的问题。

海尔名牌战略的实施不是一蹴而就的,在海尔的每个成长阶段都有适合当时情况的恰当的目标和战略方针。张瑞敏领导的海尔名牌战略的成功实施经验清楚地告诉我们该如何打造企业的名牌。其一是永恒的利益相关者导向,对消费者真诚到永远。对消费者真诚到永远换取的是消费者对海尔品牌永远的信任和认同感。其二是"追求卓越"的企业经营理念。对"追求卓越",海尔有一个简明的解释:"要干就要争第一。"这和美国通用电气公司 CEO 韦尔奇的观点一致。韦尔奇认为 CEO 在选择产业的时候,必须选择可以做到第一、第二的产业,否则就不要做。[213]

海尔制定并实施了著名的"先难后易"国际化战略——到最发达的国家去展现自己的品牌。海尔人认为获得了高端市场的认可后,获得低端市场认可就顺理成章。海尔的产品进入美国、德国和日本等国说明了海尔国际化战略的正确性。

(2) 张瑞敏及其领导的高层管理团队

我们知道,企业的成败在于企业的战略管理,而正确的战略确立后,企业家及其领导的高层管理团队就是决定因素。如果没有企业家及其领导的高层管理团队领导员工及时而又正确地实施企业的既定战略,那么,战略要么变形,要么流产。战略实施和战略调整都取决于人,管理上出现的问题一般都在管理团队身上。为此张瑞敏提出高层管理者的"四个观念"即:终端问题,是领导问题;看不出问题,是最大的问题;重合出现的问题,是作风上的问题;不善于解决的问题,是素质问题。张瑞敏指出,员工的素质低不是领导的责任,但是提高员工的素质是干部的责任,必须提高企业领导的素质,为海尔国际名牌的战略实施提供可靠的保障。[214]

(3) 海尔强势的执行力

张瑞敏作为成功的企业家,一直潜心打造海尔的执行力。正是海尔强势的执行力才使海尔成为中国最成功的企业。海尔战略执行的许多成功经验得到了企业界和学术界的肯定。如:基础管理层面,有 OEC——日清日高、市场链——企业经营过程重构;战略管理层面,有名牌战略、多元化战略、国际化战略以及相关的"吃休克鱼"战略、"先难后易"战略等等;企业理念层面,永恒的利益相关者导向,对消费者"真诚到永远"成为海尔核心能力的重要组成部分。

(4) 海尔的执行型的企业文化

海尔振兴企业靠的就是执行型的企业文化的内涵。如:海尔执行型的企业文化的核心是迅速反映，马上行动；海尔执行型的企业文化的灵魂是创新；海尔执行型的企业文化的精神是追求卓越，敬业报国；海尔执行型的企业文化的生存理念是永远战战兢兢，永远如履薄冰；海尔执行型的企业文化的用人理念是以人为本，你能够翻多大跟头，给你搭多大舞台；海尔执行型的企业文化的质量理念是优秀的产品是由优秀的人才做出来的；海尔执行型的企业文化的品牌理念是国门之内无名牌，实施品牌战略；海尔执行型的企业文化的营销理念是先卖信誉，后卖产品；海尔执行型的企业文化的市场竞争理念是，不打价格战，只打价值战，浮船法则和创造市场；海尔执行型的企业文化的永恒的利益相关者导向是利益相关者永远是对的，利益相关者的需求和满意就是海尔人工作的标准；海尔执行型的企业文化的国际化理念是先难后易；海尔执行型的企业文化的资本运营理念是东方亮了再亮西方；海尔执行型的企业文化技术改造理念是先有市场，再建工厂，创造新市场，创造新生活。海尔的执行型的企业文化使 3 万海尔人迸发出不竭的执行力，是海尔战略成功实施的关键所在。

总之，从名牌战略、多元化战略、国际化战略到市场流程再造战略的实施，张瑞敏领导海尔走向成功的根本原因就在于海尔拥有强大的执行力和创新能力，而海尔的创新因子就是海尔的执行力文化，在每个阶段的战略实施过程中，首席执行官企业家张瑞敏都是持之以恒地执行企业的既定战略，并正确处理了长期发展战略和短期发展战略的关系。张瑞敏及其领导下的高层管理团队表现出的超强领导力，这对海尔战略组织的变革起了关键作用。执行力文化是海尔企业发展壮大的基础，海尔的战术方法对战略实施起到了积极的推动作用。海尔在实施既定战略的过程中，通过科学的激励机制，激发战略实施所涉及的员工的积极性，打造企业的执行力，充分利用战略沟通克服战略实施过程中的障碍。所以，张瑞敏选择海尔，正如海尔选择张瑞敏一样，是历史的必然。企业家张瑞敏是海尔战略实施成功的必然选择。

6.2.3　海尔的执行力

首先，张瑞敏在企业战略实施过程中表现出来的非凡的执行力是一般企业经营者所无法比拟的，这种执行力也是张瑞敏异质型人力资本和政治资本的重要体现，是海尔执行力形成的关键。其次，是以张瑞敏为核心的领导集体为海尔打造的强大的执行型的企业文化为海尔发展成为中国标杆企业铺平了道路。第三，是海尔科学的绩效评估系统，调动了员工的积极性，激发了员工的潜能，从而营造了海尔强势的执行力。

张瑞敏特别注重对海尔企业执行力的打造。张瑞敏领导的海尔集团的战略执行为中国企业的战略实施树立了典范，张瑞敏领军的海尔强势的执行力的形成分为三个阶段。

名牌战略阶段(1984—1991)。海尔从一开始就执行张瑞敏的“名牌战略”。海尔在1984年起步时管理混乱，无优势产品，职工人心涣散。为了摆脱这种局面，必须高起点切入，给企业注入生存的希望。当时的外部环境是冰箱厂蜂拥而起，但没有名牌，因此张瑞敏领导的海尔决定引进世界上最先进的电冰箱生产技术，致力于冰箱这一种产品的生产、营销和服务，生产世界一流的冰箱，创出冰箱行业的中国名牌。1988年获得中国冰箱行业历史上第一枚国家质量金牌，标志着名牌战略初步成功。海尔在张瑞敏的领导下，用7年的时间，通过专心致志生产冰箱实施了名牌战略，建立了全面质量管理体系。这一阶段的海尔艰难起步并确立了冰箱行业的名牌地位，其代表事件“砸冰箱”更是张瑞敏执行力的体现。在这期间，当中国大多数企业忙于扩大产量，而消费者开始注重产品质量的时候，海尔的优势当即显现出来。当其他冰箱的产品出现了积压的时候，海尔的产品却供不应求。

多元化战略发展阶段(1992—1998)。1992年，海尔从单一产品向多元化战略发展，通过兼并、收购、合资、合作进入冷柜、空调、洗衣机等白色家电领域；1997年以生产数字彩电为标志，进入黑色家电领域；1998年进入米色家电的电脑行业领域。用6年的时间，海尔通过企业文化的延伸及“东方亮了再亮西方”的理念，成功实施了多元化的扩张。在扩张的过程中，海尔在张瑞敏的领导下，以“吃休克鱼”的方式进行资本运营，坚持用海尔执行文化的无形资产盘活企业的有形资产，既保证了资本的成功率，又实现了低成本扩张。在企业多元化的过程中，张瑞敏坚持不熟悉不做的原则，实行企业的相关多元化。当海尔具有一定的知名度、信誉度与美誉度的时候，再开始实施非相关多元化，从而实现张瑞敏一直追求的范围经济上的规模经济。

国际化战略阶段(1998—现在)。1998年，张瑞敏领导的海尔循序渐进地执行着以创国际名牌为导向的国际化战略。在实际执行过程中，张瑞敏创造性地提出和运用“先难后易”“出口创牌而不单创汇”“三个三分之一”的战略执行策略，取得了国际化经营的巨大发展。1996年，张瑞敏在发展中国家建厂，积累国外运营的经验。1999年在美国建厂，并且实行本土化运作模式，取得了很好的成效。目前，海尔的产品出口到世界上160多个国家和地区。海尔在走向国际市场的过程中由于坚持了创中国自己的国际名牌的战略，因此，出口产品都打海尔自己的品牌，并努力通过质量、售后服务等树立海尔品牌的国际形象。另外，海尔还建立了与国际接轨的星级一条龙服务体系，设立了售后服务电话，海外的海尔用户同样可以享受到海尔的星级服务。经过艰苦努力，海尔通过了质保体系国际认证、产品国际认证、检测水平国际认可的参赛资格；海尔从引进、消化、吸收到通过合资引智，使各类产品与国际保持同步。国际化的海尔是三位一体的海尔，即设计中心、营销中心、制造中心三位一体，最终成为一个非常有竞争力的、具备在当地融资、融智功能的本土化海尔。国际化战略的执行提升了海尔国际竞争力，国际竞争力造就了海尔的国际化品牌，其提供的产品与服务超过了消费者的预期。海尔的国际化道路正在越走越宽。因此，从国内走向国际市场的过程中，海尔的战略执行力起着关键的作用。

张瑞敏和海尔的成长说明基于企业家的战略实施是企业战略实施成功的范式。作为海尔首席执行官的张瑞敏，制定并实施企业的战略目标，注重打造企业的执行力，培养海尔执行型的企业文化。张瑞敏领导的海尔从一个亏损的街道小厂成为中国企业界标杆企业，说明了海尔的核心能力就是海尔的执行力，正是海尔强势的执行力促使海尔走向成功。

海尔强势的执行力形成了强势的执行文化。张瑞敏把自己作为首席执行官的哲商价值观深深地植入海尔的每一个员工心中，形成海尔集团强势的执行文化。海尔兼并一个企业，第一个派去的，不是财务人员也不是技术人员，而是海尔的企业文化人员。因为张瑞敏在企业战略执行中有一个与一般企业不同的执行理念：要盘活一个企业的资产，必须先盘活企业员工的思想。[215]海尔文化中关于人才标准的一个重要内容是公平、守信。每个人都可以充分发挥自己的聪明才智，挖掘自己的潜力，大胆地搞发明和创新，提合理化建议。这种公平、守信文化还进一步地影响和渗透到客户群中，激励客户提出自己的合理化消费需求，使海尔文化的精髓“真诚到永远”成为巨大的无形资产。张瑞敏不但提倡团队合作，同时也鼓励在合作基础上的竞争。他认为，企业的人才固然重要，但最重要的是人才机制，即如何创造一个让人人都能发挥自己才能的机会，由此提出了“相马不如赛马”的人才标准理念。使用人才通过“赛马”而不是传统意义上的“相马”，给每一个员工创造公平的竞争机会。张瑞敏说得很形象：“你能翻多大的跟头，我就给你搭多大的舞台。”海尔集团通过合理的竞争方式来遴选企业战略实施所需的各种人才，从而保证了实施战略所需要的人才的质量。

目前，中国的两个“一体化”已经形成。一是国内外市场一体化，二是国内外竞争对手一体化。这两个“一体化”的变化使中国企业开始面对全球市场和全球竞争对手。在网络和流通决定速度的前提下，海尔正通过自身强势的执行力来继续延伸自己的三个能力——成长能力、盈利能力、零营运资本能力，来进一步丰富企业的核心竞争力，以保证企业持续、健康、快速发展。张瑞敏与海尔的共同成长历程就是海尔基于企业家张瑞敏企业战略实施范式的成功运用过程。

6.3 海尔战略实施成功的启示

张瑞敏领导的海尔战略成功的案例，为中国企业的国际化战略提供了一条成功的思路，值得国内很多企业学习与借鉴。企业家是战略实施的核心，张瑞敏的领导是海尔战略实施成功的必然因素；张瑞敏作为企业家的胜任力是其战略执行力的基础，海尔的战略执行力是海尔成功的关键；海尔战略实施的有效性是海尔战略实施成功的标准。基于企业家的战略实施在海尔乃至中国的企业里必将存在相当长的一段时间。如果说制定战略更多体现的是艺术，那么执行战略更多体现的是科学。海尔的成功，说明基于企业家模式的企业战略实施在海尔的成功应用。

(1) 建立企业家领导的战略实施的领导机制

1) 建立企业家直接领导的战略执行管理团体，不断提高实施战略的水平

企业家必须一手抓战略制定、一手抓战略实施。如果没有张瑞敏可能就没有今天的海尔，正是凭借其非凡的领导能力，张瑞敏把海尔从一个亏空百万的街道小厂变为年销售收入超过1 000亿的中国标杆企业。战略的成功需要强有力的领导保证，否则再好的战略也很难推行下去，更不要奢望会有好的结果。为了保障战略的顺利实施，企业需要为关键的位置挑选有能力的人才，确保组织具有战略实施所需要的技术、核心能力、管理人才、技术诀窍、竞争能力和资源力量，以有助于成功的战略实施的方式组织业务流程、价值链活动和决策制定。通过海尔的成功历程的"反传统"思维，我们可以看出张瑞敏对海尔管理团队的领导能力。

2) 建立战略支持型的执行文化

企业文化能够影响企业员工的战略行为，从而影响企业的战略执行。企业执行文化的重要性正在得到越来越多的企业界和学术界人士的认可。必须建立战略支持型的企业文化，企业文化与企业战略密不可分，企业的战略实施必须建立在企业执行型文化的基础之上。不同的企业战略需要不同的执行文化，海尔在多元化过程中采用"激活休克鱼"的方式，用海尔的无形资产激活并兼并企业的有形资产正是海尔执行文化的体现，海尔就是用执行型文化来实现企业的成长战略。

3）建立企业家领导的战略目标分解体系

科学的程序是企业战略成功实施的保证。海尔成长为世界品牌经过了名牌战略、多元化战略和国际化战略三个阶段。战略目标作为一种总目标、总任务和总要求，必须分解成具体目标、具体任务和具体要求。战略目标的分解需要自上而下，逐层分解，形成部门的子目标，直至最基层的目标，实现战略实施的具体目标的可操作性。每个员工都是SBU，即便是海尔的副总裁每人也都身兼各部的部长，都有具体的战略任务，员工的工资与个人业绩直接挂钩。正是踏踏实实的执行，海尔的名牌战略才得以实现。

4）建立企业家的战略资源支持系统

战略的实施必须要有足够的战略资源支持，尤其是关键的战略活动更是要得到100%的人力、物力和财力支持，这离不开企业家的直接领导。建立预算将足够的资源投入到对战略至关重要的价值链活动中是企业战略的数字化表现，同时也是战略实施的重要保障。价值链的活动直接决定公司战略的执行效果。因此，企业要提高战略执行水平，就必须通过不断对企业价值链活动进行调整和优化，提高其运作水平。而这一切，必须得到首席执行官的强力支持，企业的战略执行才能得以持之以恒地实施。海尔的市场流程再造正说明了这一点。

5）建立企业家领导下的战略创新机制

海尔执行文化是企业创新的灵魂。在海尔创新的三原则中，创新的目标是订单，创新的本质是创造，创新的途径是借鉴和模仿。创新是海尔持续发展的不竭动力，从现代管理的理念创新，斜坡球体理论，相马到赛马，从价值链到市场链的转化以及零距离、零库存、零营运资本管理，还有创世界名牌的三步曲等，到海尔的技术创新等，战略创新为企业发展提供方向；观念创新是企业一切创新活动的保障；技术创新是满足利益相关者导向的关键；组织创新是形成企业有序的非平衡结构，使企业内部充满活力的保障；流程再造可以使企业迸发出活力；市场创新是企业的终极目标。正是企业家张瑞敏的创新精神领导着海尔一步步走向成功的。

（2）建立战略实施的控制系统

战略实施固然比战略制定重要，而战略控制对于战略管理的成败则具有决定性意义。管理控制可以分为诊断性控制、交互性控制和战略性控制。诊断性控制体系是经理人员用来对企业战略实施成果进行控制并纠正实际绩效与绩效标准之间偏差的正式信息体系，它监控计划的执行情况，主要用于战略实施。交互控制方法主要是运用战略实施系统所产生的信息对战略不稳定性进行监控，并对战略进行评价，它强调战略要适应多变的环境。交互控制体系的结构决定于技术依赖性和利益相关者导向等因素，是否采用这一体系决定于市场战略的不确定性。这一控制体系的核心是不断地监控利益相关者需求并识别其变化。战略性控制方法与交互控制体系一样，目的在于评价战略并对战略进行最终调整。二者的区别在于：战略控制方法把重点放在制定战略规划的前提条件的变化上，而交互控制体系则是建立在战略实施体系的基础上。在稳定的市场环境中，战略性控制的作用是有限的。

战略实施是个复杂过程，必须建立基于企业家领导的高层管理团队有效的战略实施的控制系统，包括战略实施的高层和中层管理团队。战略平衡是战略实施过程中的一种特殊的战略控制，包括战略管理团队的心态平衡和权责平衡。同时建立战略实施的成本控制机制，战略实施成本控制是企业为了获得和保持持久竞争优势而进行的一种成本管理。战略实施的成本控制是企业战略实施过程中的重要内容。

(3) 建立战略激励机制

必须加强对企业员工和利益相关者的激励，激发企业员工的积极性，挖掘员工的潜力，打造企业的战略执行力；加强对利益相关者的激励，培养企业的忠诚利益相关者，扩大企业的利润源，为实现企业的战略目标服务。

1) 加强对企业家及其高层管理团队的激励

激励问题是经济学研究的核心，也一直是我国经济体制改革的核心，诺斯(D · North)认为制度的本质就是激励。传统计划经济向社会主义市场经济的转轨也正是从物质激励开始起步的。企业家是市场创新的倡导者和实现者，是市场过程的决定因素，是企业的灵魂。但是，对企业家的激励机制方面，在认识和实践上总是存在这样或那样的误区。周其仁(1998)曾经指出：我们拥有最便宜的企业家和最昂贵的企业家制度。转轨时代，企业家激励不足和相应的激励机制建设滞后乃至扭曲的问题，变得更加突出，也引起了学术界和企业界的高度重视。因此，必须加强对企业家的激励。

虽然一个具有战略眼光的、具备很高素质和能力的企业家是企业战略管理的关键，但是仅有一个高水平的企业家并不能保证企业的成功，还必须有一个好的高层管理团队。在现代企业中，发挥企业家作用的往往不是一个人，而是一个群体，他们共同组成了企业权力的核心，在此可以将他们称为高层管理团队。虽然从正式职权上来看，他们的权力有大有小，有服从与被服从的关系，有权力和职能的区分，但是他们有很多时间在一起工作，共同对战略事项做出决策，共同实施战略管理。因此，塑造一个高效的高层管理团队并发挥其作用，就成为企业有效实施战略管理的一个很重要的方面。企业高层管理人员的权力结构和关系对企业战略管理具有很大的影响,权力结构不合理,权力关系的频繁更迭等,会直接威胁到企业的战略实施。因此,必须加强对企业家领导的高层管理团队的激励,调动他们的积极性,为实现企业的战略目标服务。

2) 加强对企业中层管理团队的激励

在战略实施过程中,高层管理人员进行战略思考,制定战略计划,而战略实施由中层管理人员执行。中层管理人员把计划转变成行动,监视和控制所负责的单位的生产经营活动,使活动按照预先设计的轨道进行。这种管理方式适应了企业的层级结构运作方式,却不能让企业发展适应环境的变化。传统管理模式以增长和控制为重点的管理已经受到全面挑战,如何实现创新,满足利益相关者的需求成为管理的重点。[194]中层管理人员的职能已由原来的纯粹的执行变为参与战略制定、实施和监督的全过程。在战略实施过程中,企业中层管理团队的力量非常重要,是提高企业战略执行力的基础,必须重视对中层管理团队的激励。

3) 加强对企业利益相关者的激励

利益相关者是企业战略实施的终极对象,利益相关者是企业的利润源泉,离开对企业利益相关者的激励来探讨企业的发展无异于缘木求鱼,所以海尔的服务宗旨是"真诚到永远"。海尔的成功是中国式的成功,它成功地将一场家电业的功能之争转化为"服务"之争。通过"免费服务"模式获得先入优势,形成良好的品牌形象,进而获得"高价"回报,从而使对手即便模仿了"服务"模式,也会因成本太高而被拖死。海尔的核心竞争能力来源于它通过服务来支撑品牌的经验、技能与知识的组合能力。不难发现尽管所有的人都知道海尔是通过服务来支撑品牌,但没有人能在服务上超越海尔。

(4) 建立基于企业家领导的战略沟通机制

1) 建立基于企业家的信息交流体系,建立战略沟通机制

海尔的市场流程再造说明企业必须建立信息交流体系,使公司的人员在战略执行过程中能够得到充分的信息支持。信息交流体系作为公司的中枢神经在战略执行过程中的作用是无法估量的。及时高效的信息交流可以使管理人员感知现在、洞悉将来,对各种环境因素变化及时做出调整和反应,从而做到及时发现问题和解决问题,并对战略执行中出现的偏差进行及时调整和修正。因此,必须建立基于企业家模式的战略沟通机制,使战略沟通路径和组织制度化。

2) 提倡基于战略沟通的知识共享,克服战略沟通的障碍

企业战略失败的首要原因往往并不是战略本身不好,而是因为执行能力的欠

缺。而企业没有成功执行战略的一个重要因素往往是由于雇员缺乏对企业战略的足够了解。当战略没有通过一个正式的沟通程序进行传递时，雇员从同事中所得到的关于战略的信息经常会失真甚至是错误的。在战略导向的组织中，沟通是“使战略渗透到每个人的工作细胞”的关键因子。执行力好的组织都会非常努力地营造一个让高级经理人有效沟通的环境，使雇员对组织目标有一个全面的了解。而一旦经理人之间的沟通非常有效、雇员对目标都有一个明确的了解时，组织的执行力就会得到很大的改善。

如果雇员对战略了解的积极性得到提升，即可通过多种方式使战略的执行免于失败，战略实施也会取得突破性的绩效。成功的沟通计划可以构建战略敏感、规范行为和影响结果以使战略的执行长期化和组织的核心能力持久化。必须实现企业的知识共享，克服企业战略实施的障碍，增强企业的战略沟通能力，提高企业的战略实施有效性。

(5) 建立科学的绩效测评机制

战略管理有效性是建立科学合理的战略实施有效性的评价方法的核心内容。战略实施有效性受到战略实施所采用的模式、绩效管理、评价理论与方法以及企业的执行力和战略自身的有效性等因素影响。战略实施有效性思想消除了评价对象之间客观基础条件优劣对绩效评价结果的影响，这使得绩效评价方法更为公平合理。战略实施有效性的思想便于为评估企业各单位寻找差距，分析战略行为低效的主观和客观原因。以战略实施有效性为核心内容，建立科学合理的绩效评价理论与方法有助于实现对绩效管理的实施，有助于实现把一切工作转到以提高企业的绩效为中心的工作上来，有助于形成一种有特色的战略实施管理模式。

将报酬和激励与达到业绩目标实施战略相联系。若没有基于业绩目标的考核体系，战略的执行也就没有了严肃性。每一阶段的战略目标是否实现必须要通过企业的经营指标和数据来说话，而基于业绩的考核体系对企业的员工来说就好比是指挥棒，它指引企业员工前进和努力的方向。如果公司的考核体系与公司的战略不匹配，那么就会出现南辕北辙的现象，公司的战略恐怕永远只会是魏国人心目中的楚国。海尔的成功就在于制定实施了科学的绩效测评制度，每个员工的工资直接与其业绩挂钩，极大地激发了员工的潜力，为海尔的成功作出了贡献。

总之，战略可以复制，然而，战略执行作为海尔企业的核心能力是难以复制的。海尔的成功经验从某种程度上讲，就是海尔的核心能力，没有一定的执行文化的底蕴，复制海尔的战略执行能力是非常困难的。张瑞敏领导海尔从一个亏损的街道小厂成为中国的标杆企业，并且成为国际的海尔，说明了企业家模式战略实施在海尔的成功应用。企业家模式的战略实施范式将存在相当长的一段时间。

6.4　对海尔战略实施的建议

海尔的成功源于企业家张瑞敏的领导,因此,必须持之以恒地坚持基于企业家的领导机制,为企业家的成长创造合适的环境。基于企业家的有限理性,同时必须建立企业家领导下的高层管理团队,没有一个强大的高层管理团队对于一个企业来说是难以想象的,企业家的成功根基在于高层管理团队的有效运作。企业成功而有效地与外部世界进行各种功能转化和价值创造,起源于企业家领导的核心管理层的集体意识。这种领导意识通常通过战略领导、战略控制、战略沟通来实现。企业家及其高层管理团队必须注重提升自身的领导能力和执行力水平,营造企业的执行型文化,努力打造企业的战略执行力,实现企业的战略目标。

(1) 对海尔多元化战略实施的思考与建议

对海尔多元化战略实施的思考。中国家电业经过 20 多年的发展,许多企业在单项业务发展上已经相对成熟,其成长和扩张弹性已经非常小,成长环境也随着市场的相对饱和而越发艰难,这个时候企业转向多元化发展似乎是水道渠成的必然选择,既可以规避单业竞争带来的风险,又可以使网络和产品形成互补,使效用发挥到最大。按照西方的经济学理论框架来看的话,有许多可圈可点之处,同时也存在相当多的弊端。海尔的多元化已经进入了多业经营的最高程度了,但也存在相当大的陷阱。海尔是一个生产电冰箱起家的企业,电冰箱应该说是海尔的主业,海尔自 1984 年到 1991 年的 7 年时间里,坚持专业化生产,只生产电冰箱一种产品,通过对电冰箱的专注经营,海尔在管理、品牌、服务及企业文化等方面形成了自己的核心能力。以这些能力为基础,首先选择相关多元化之路,从高相关,到中相关,再到低相关发展。1992 年,海尔进入与主业电冰箱高度相关的电冰柜和空调行业;1995 年再进入与电冰箱存在较高的相关性的洗衣机行业;1997 年开始涉足彩电等黑色家电行业及家居设备行业,这些行业仍与海尔的四大主业电冰箱、洗衣机、空调、冰柜存在中度的相关性。这一系列多元化经营的成功,使海尔开始相信自己的核心能力已成熟,因而从 1995 年进入药业领域开始,海尔大跨度地进行非相关多元化,陆续进入了保健品、餐饮、电脑、手机、软件、物流、生物制药、金融等十多个领域。离自己的核心四大主营业务越走越远,所得到的成功概率也越来越小。海尔从此陷入多元化的困境。

对海尔多元化的建议。应该将相关业务纳入三个层面进行协调平衡，进而将其纳入管道式管理：①提供利润的核心业务（比如冰箱、电视、空调、洗衣机）；②充满机会的新兴业务（计算机、手机、家庭整体厨房）；③创造未来的种子项目（生物制药等）。如果海尔持续成长有赖于在战略上对这三个层面进行合理协调的话，那么海尔就需要建立相应的机制来完成从第一个层面到第二个层面的战略转移，并注意从研发和人才资源上保持对第三个层面业务的培育。然而，从目前的情况来看，海尔在第二和第三层面上遇到了相当大的困难：海尔电脑、海尔手机相对陷入了困境，海尔在生物制药上也基本宣告失败，海尔投资的餐饮——海尔大嫂子面馆连锁店，目前大多数已经关门，近期又宣布退出鞍山证券等金融业务领域。

(2) 对海尔国际化战略实施的思考与建议

对海尔国际化战略实施的思考。海尔是国内最早开始国际化的企业之一，也是在国际上影响力最大的中国家电企业。海尔一开始即把目标对准了美国、意大利等欧美发达国家，试图以美国、意大利等发达国家成熟的市场经济、激烈的竞争来锻炼自己并得到成长，并希冀在这些高难度市场上的成功能够带动其他发展中国家市场的成功。海尔的国际化策略对它的品牌形象影响是显而易见的。海尔模式客观上要求企业必须具备强大的品牌影响力和产品创新力，因为只有品牌和产品才是支撑市场的最锐利武器。另外，发达国家的消费者往往是品牌意识非常强的群体，新品牌进入之初很难被消费者认可与接受，这就决定了发达国家市场开发需要一个漫长的周期，客观上要求企业必须具备雄厚的资金实力，要能承受得起暂时的挫折乃至一定时间内的亏损。

对海尔国际化的建议。海尔是采用“先难后易”模式进入国际化的。海尔较索尼、松下、惠而浦、GE 等国际品牌来说，有一定的差距，目前仅仅是占据了发达国家的低端市场的一部分份额；另一点是，海尔的研发能力还有一定不足，这些发达国家的市场是一种成熟的市场，对于市场的细分需求是很关键的，这要求企业不断推出满足个性化需求的产品和适应个性化的市场群体。对于中国的大多数企业来说，采用海尔国际化战略实施模式投入的风险也相对较大的。因为美国、意大利、英国等国是当今世界上最发达的国家，其技术力与产品力都远远超过中国这样的发展中国家。一个相对落后的发展中国家向最发达国家输出技术与产品，其难度之大可想而知。事实也是这样，中国企业真正在美国市场取得成功的还不多。当然，换个角度来说，像海尔这样的中国企业进入美国这样的市场也有其便利的一面：这些国家的市场秩序非常成熟，非市场因素对企业的干扰很少，只要企业具备真正的实力，这样的市场开发起来反而相对容易一些。

(3) 对海尔流程再造的思考与建议

对海尔流程再造的思考。海尔从1998年开始实施以市场链为纽带的业务流程再造,以订单信息流为中心带动物流、资金流的运动,加快了与用户零距离、产品零库存和零营运成本"三个零"目标的实现。业务流程再造使海尔在整合内外部资源的基础上创造新的资源,目前,海尔物流、商流、制造系统等都已在全球范围内开始社会化运作。

对海尔流程再造的建议。针对海尔的流程再造,建议海尔不要仅仅将流程再造定义在"业务层次"上,而应当像GE一样定义在制度化的战略实施层面上,同样能像GE一样自豪地宣称,我的战略在业务运营系统上经过一个月就能见效,一年就能实现既定的财务目标。建议海尔从家电业的核心竞争能力误区中走出来,"白色家电核心能力"是不可能支撑海尔目前的多元化格局的,因此要思考如何构造海尔新的核心竞争力去支撑新业务,或者像诺基亚一样将家电卖掉(如果决定进军手机或计算机市场的话)。

(4) 总结

综上,海尔是中国企业的一面旗帜,同时也代表着中国走向世界的一个梦,也许是我们赋予海尔的责任太重大了,海尔显得有些力不从心。海尔张瑞敏的企业家精神是把美国式开放创新、个性舒展与日本式吃苦忍性、团队精神和中国传统哲学思想创造性地相结合,在企业实践中逐步形成了独具魅力的海尔企业文化和管理思想体系,引发了我们对企业发展的基本道路和管理艺术的哲学思考。海尔目前的唯一道路是重新回到商业底线,从制度与文化入手再造海尔。张瑞敏成长和海尔发展经历为我们提供了一套成功的战略实施范式——基于企业家的战略实施。

本章小结

本章通过对典型企业海尔的个案分析,得出了海尔名牌战略的成功源于基于企业家的战略实施范式在海尔成功运用的结论。海尔的成功与张瑞敏的成长符合帕雷托最优化的过程。基于企业家的企业战略实施范式随着市场经济的发展将是一个长期的过程。

第七章 结论与展望

本章引言

本章是在前面论文研究的基础上对基于企业家的战略实施的总结，对论文进一步的研究提出了展望，并对论文有待进一步研究的部分进行了说明。

7.1 研究的主要结论

针对企业战略实施过程中"执行力"缺失的现状，指出企业家是企业的灵魂和统帅，是企业战略管理的核心主体，提出建立基于企业家的战略实施模式。大量实践和理论研究表明，企业战略得不到有效的实施与企业家的战略行为有直接关系。企业家是企业的战略愿景和使命的缔造者。针对中国国有企业的产权结构和经营者的选择机制的现状，加之企业家作为企业组织领导的核心人物的内在特殊性要求，笔者提出企业的战略实施必须基于企业家。

战略实施的内在规定性要求作为企业首席执行官的企业家必须亲自领导和参与企业的战略执行，否则战略实施难以有效地进行；通过企业战略的制定者和执行者对战略实施影响因素的分析，提出战略实施过程中的控制主要是对成本的控制和个体战略行为的控制；提出企业家是战略实施的领导核心，有效性是战略实施的标准，执行力是战略实施的关键。

有效性是战略管理的出发点，也是企业战略管理的归宿。企业家模式的战略实施是建立在企业家异质型人力资本和政治资本之上的。提出战略实施的传统的和现代的评价方法，战略实施的有效性是建立在企业家的胜任力和执行力之上的，必须加强对企业战略实施有效性控制，建立战略实施有效性的控制系统并采取保障措施。

战略实施的最大黑洞就是企业没有执行力，通过对企业的战略执行和执行力的分析,可以构建战略共识、战略协同和战略控制的企业战略执行力的理论框架。企业家作为企业战略执行的首席执行官必须建立富有成效的高层管理团队,构建战略实施支持型的执行文化,打造企业战略实施的执行力。

基于企业家的战略实施的构建,需要依据企业家在战略实施过程中的作用和职责,建立以企业家为核心的领导机制,打造企业家领导下的高层管理团队;建立基于企业家领导下战略实施的控制系统,加强对企业高层管理团队和战略实施过程中的成本控制;加强对战略实施过程中的战略实施主体的激励,以及对战略实施的高层领导团队、中层管理团队和利益相关者的战略激励;建立战略实施的支持型执行文化,打造企业的执行力文化,提升企业战略实施的有效性。

企业家张瑞敏领导下的海尔的战略模式的个案,说明了企业家张瑞敏的异质型人力资本和政治资本对海尔战略的成功执行起到了关键作用,张瑞敏的领导,海尔的执行力和有效性是海尔成长三个阶段克敌制胜的法宝。张瑞敏的成长与海尔的成功符合帕雷托最优化过程。企业家的企业战略实施主导范式是海尔成长为中国标杆企业的根本原因。

7.2 本文的主要创新点

(1) 针对学界和业界普遍存在的重理论而轻实践的现状,提出基于企业家的战略实施范式。基于企业家的战略实施路径依赖是企业家的政治资本与异质型人力资本。这种战略实施的范式在中国社会转型时期将存在相当长的时间,基于企业家的战略实施范式的提出有其重要的理论和实践指导意义。

(2) 战略实施是个复杂的过程,企业家的胜任力和领导力是企业战略实施有效性的关键,企业家的胜任力和领导力在执行企业既定战略的过程中表现为企业家的执行力。为了保证企业战略实施的有效性,必须加强对企业战略实施有效性的评价,同时建立战略实施有效性的控制系统。

(3) 企业战略实施有效性的路径依赖的是企业的执行力。企业家的领导、企业家领导的高层管理团队、战略支持型文化是企业战略执行力的重要组成部分。企业家必须注重企业执行力的人员流程、战略流程和营运流程这三个核心流程;提升企业组织的执行力,而企业强大的执行力是建立在执行力文化基础之上的,执行力文化是企业持续竞争的优势所在。

(4) 绩效既是战略管理的出发点,又是战略管理的归宿,因此必须为企业战略实施建立科学的绩效考评制度。作者提出的二次相对效益方法测算基于企业家的战略实施的有效性,有利于战略实施的绩效管理的开展。加强企业家及其高层管理团队的激励,重视对中层管理团队的激励;提倡对利益相关者的激励,提高利益相关者对企业的认同感。

(5) 构建基于企业家战略实施,必须解决五个问题:①企业家的领导;②战略实施过程的控制;③战略实施过程的激励;④战略实施支持型执行文化系统;⑤战略实施有效性的二次评估。只有五个问题都得到很好解决,企业的战略实施才能顺利进行,企业战略的有效性才能得到可靠保证。

7.3 研究的不足与进一步研究的展望

首先,本次研究最大不足之处就是研究资源的匮乏。本文研究的重点是企业家领导下的企业战略实施,而企业战略实施是个复杂的系统工程,由于缺乏实践经验,面对该课题,我多少显得有些"先天不足"。幸而师从导师张阳教授,导师的一些资源为本文的写作提供了一些相对真实可信的一手资料。但是,这些一手资料相对于撰写一篇对企业战略实施具有指导意义的博士论文来说是远远不够的。许多资料来源于间接资料,一定程度上限制了论文的指导性和可操作性。

其次,本课题研究具有跨学科性质,研究领域相当广泛。本文的研究可能只是对企业战略实施的初步涉猎。由于文章的篇幅所限,对于企业战略实施过程的战略实施行为的控制和企业家绩效和薪酬激励机制的研究缺乏详细阐述,这也是以后课题研究的方向。

当然,正如企业战略实施的复杂性一样,基于企业家的企业战略实施研究的成果在企业的实践运用还有很多方面有待进一步研究。

第一是本课题对企业战略实施的具体指导具有一定的意义,但是具体到某个企业,战略实施的可操作性还有待进一步完善。

第二是针对企业家在战略实施过程中的战略行为的控制研究是涉及企业制度改革、建立真正意义上的现代企业制度问题,这个研究很具有时代的挑战性和政治意义。

第三是企业家的绩效和薪酬激励问题的研究,尽管政府部门采取了一些行之有效的政策和措施,但是与发达国家企业家薪酬激励机制的成熟度相比还存在相当大的距离。学术界也对此进行了一些相应的研究,但是其实用性还有待政府部门的考察和实证。这方面的研究很有现实意义。

当然，本文的研究主要是理论研究，对战略管理理论研究方向具有一定的指导意义，对于探索和形成中国本土化的管理理论必将产生积极的作用，这也正是本文的写作目的所在。

本章小结

本章对基于企业家的企业战略实施研究的课题进行了总结，提出了课题的创新点，对课题研究的不足之处和进一步研究的方向作了展望。

参考文献

[1] 丁栋虹. 从资源稀缺到企业家稀缺[J]. 中共福建省委党校学报,1999(2):43-46

[2] 贾良定等. 愿景型领导:中国企业家的实证研究及其启示[J]. 管理世界,2004(2):88

[3] 赵曙明等. 中国企业集团人力资源管理现状调查研究[J]. 中国人力资源开发,2003(2):55-58

[4] 韦华宁. 我国企业战略执行现状调查与分析[R]. 商业时代,2005(20):26

[5] 柳传志等. 总裁的智慧——中国顶尖企业家访谈录[M]. 北京:中央编译出版社,2002:38

[6] Joseph A. Schumpeter, History of Economic Analysis [M], Edited from Manuscript by Elizabeth Boody Schumpeter, New York, Oxford University Press, 1954:386-390

[7] 洪银兴. 企业家对经济发展的巨大作用[J]. 中国工业经济,1994(8):5

[8] Joseph A. Schumpeter, the Theory of Economic Development [M], trans. R. Opie, Cambridge, Mass: Harvard University Press, 1934: 36

[9] 贺阳. 企业家价值与企业效率[J]. 改革,1998(5):10-11

[10] 中国企业家调查系统. 中国企业家队伍成长与发展十年调查总报告[R]. 经济研究参考,2000(3):76

[11] 周三多. 战略管理新思维[M]. 南京:南京大学出版社,2002:15

[12] 周三多. 战略管理新思维[M]. 南京:南京大学出版社,2002:1

[13] Bracker, J., the Historical Development of the Strategic Management Concept [J], Academy of Management Review, 1980 (2)

[14] Selznick, P., Leadership in Administration [M]. New York: Harper & Row. 1957

[15] Ansoff, H. I., the Concept of Strategic Management [J]. Journal of Busi-

ness Policy，1972(2):4

[16] Tumult，R. P. & Dan E. Schendel & David J. Teece，Fundamental Issues in Strategy [M]，Boston，MA：Harvard Business School Press，1994:9

[17] Dan Schemed，Introduction to the summer 1994 Special Issue，Strategy Management Journal，1994(15)：128

[18] Thomas L. Wheelen & J. David Hunger，Strategy Management and Business Policy [M]，Addison-Wesley Publishing Company，Inc. 1992

[19] [美]丹尼尔·A·雷恩. 管理思想的演变[M]. 北京：中国社会科学出版社，2000:545

[20] Ansoff，H. I. etc.，Strategic Planning to Strategic Management [M]，London：Wiley Chichester. 1976

[21] Mckieman，P.，'Instraction'，Historical Evolution of Strategic Management [J]，Dartmouth Publishing Company Limited，1966:vol. 1. xvi

[22] Henry Mintzberg & Joseph Lampel，Reflecting on the strategy process [J]，Sloan Management Review，1999. vol. 19

[23] 梁江，刘冀生. 试论战略管理学科的研究框架及发展趋势[J]. 中国软科学，2002 年(6)：63-66

[24] 周三多，邹统钎. 战略管理思想史[M]. 上海：复旦大学出版社，2002:16

[25] 亨利·明茨伯格，布鲁斯·阿尔斯特兰得，约瑟夫·兰佩尔. 战略历程——纵览战略管理学派[M]. 北京：机械工业出版社，2001

[26] 周三多，邹统钎. 战略管理思想史[M]. 上海：复旦大学出版社，2002

[27] Michael E. Porter，From Competitive Advantage to Corporate Strategy [M]，HBR，May-June 1987：43-59

[28] Andrews，K.，the Corporate Strategy [M]，Homewood，IL：Irwin，1971：18-46

[29] David J. Collis & Cynthia A. Montgomery，Corporate Strategy：A resource-based view [M]，McGraw- Hill Company. 1998

[30] Henry Mintzberg & Bruce Ahlstrand & Joseph Lampel，Strategy safari [M]，New York：The Free Press. 1998

[31] 唐震. 理性视域的西方战略管理思想批判[D]. 河海大学博士论文(2004)

[32] [美]丹尼尔·A·雷恩. 管理思想的演变[M]. 北京：中国社会科学出版社，2000:546

[33] 方竹兰.从人力资本到社会资本[J],学术月刊,2003(2):80-94
[34] 丁栋虹,刘志彪.从人力资本到异质型人力资本[J].经济研究,1999(3):7-9
[35] 周建.基于网络经济的企业非线性战略和竞争优势[C].2001年中国经济学博士后论坛文集,北京大学(2001)
[36] 中国企业家调查系统.企业文化建设:认识、现状和问题[R].经济界,2005(3):91-96
[37] 杨瑞龙,郑志.竞争、内部人控制与经济绩效[J].中国工业经济,2001(10):65-71
[38] 陈传明."内部人控制"成因的管理学思考[J].中国工业经济,1997(11):38-42
[39] 迈克尔·波特等.战略——如何建立核心竞争力[M].北京:中国发展出版社,2002:16
[40] 迈克尔·波特.竞争优势[M].北京:华夏出版社,1997:33
[41] Rumelt, R. P. & Dan E. Schendel & David J. Teece, Fundamental Issues in Strategy [M], Harvard Business School Press, p: 16. 1994
[42] Mckieman, P., 'Instraction', Historical Evolution of Strategic Management vol. 1 [M], Dartmouth Publishing Company Limited, vex. 1966
[43] Mckieman, P., 'Instraction', Historical Evolution of Strategic Management, vol. 1 [M], Dartmouth Publishing Company Limited, vex. 1966
[44] Stacey, R., Strategic Management and Organizational Dynamics [M], London: Pitman. 1993
[45] Hitt, M. A. & R. Duane Ireland & Robert E. Hoskisson, Strategic Management: Competitivenessand Globalization [M], Second Edition, West Publishing Company. 1996
[46] Porter, M. E., Competitive Strategy [M], New York: The Free Press. 1980
[47] Porter, M. E., What Is Strategy [J], Harvard Business Review, 1996:11-12, 61-78
[48] 伊丹敬之.经营战略的内在逻辑——看不见资产的动力论[M].北京:中国审计出版社,1992:68
[49] C. K. 普拉哈拉德,伊夫·多兹.跨国企业使命[M].北京:华夏出版社,2001:126

[50] Goya, Dennis A. & Chittipeddi, Kumar, Sensemaking and sensegiving in strategic change initiation Strategic [J], Management Journal, 1991(12) 433-448

[51] Floyd, Steven W. & Lane, Peter J. , Strategizing throughout the organization: managing role conflict in strategic renewal [J], Academy of Management Review, 2000(25): 154-177

[52] Valeria, Hank W. & Rutgers, A FARSYS: a knowledge-based system for managing strategic change [J], Decision Support Systems, 1999 (26): 99-123

[53] Floyd & Lane, Strategizing throughout the organization: managing role conflict in strategic renewal [J], Academy of Management Review, 2000 (1): 158

[54] Robert S. Kaplan & David P. Norton, The Strategy-Focused Organization: How Balanced Scorecard Companies Thrive in the New Business Environment [M], Harvard Business School Press. 2000

[55] 周海炜. 战略管理中的企业谋略及运作机制研究[D]. 河海大学博士论文(2004)

[56] 刘冀生. 企业战略管理[M]. 北京:清华大学出版社,2003:334-336

[57] 刘冀生. 企业战略管理[M]. 北京:清华大学出版社,2003:337-340

[58] 芮明杰. 中国企业发展的战略选择[M]. 上海:复旦大学出版社,2000

[59] 项保华. 战略管理——艺术与实务[M]. 北京:华夏出版社,2001

[60] 蓝海林. 迈向世界级企业:中国企业战略管理研究[M]. 北京:企业管理出版社,2001

[61] 康荣平,柯银斌. 企业多元化经营[M]. 北京:经济科学出版社,1999

[62] 康荣平,柯银斌. 中国企业评论[M]. 北京:企业管理出版社,1999

[63] 康荣平. 大型跨国公司战略新趋势[M]. 北京:经济科学出版社,2001

[64] 周三多. 战略管理新思维[M]. 南京:南京大学出版社,2002:15

[65] 周三多,邹统钎. 战略管理思想史[M]. 上海:复旦大学出版社,2002,序

[66] Bauman, WJ. Entrepreneurship in economic theory, American Economic Review, Papers and Proceedings, 1968:160

[67] [美] 约瑟夫·熊彼特. 资本主义、社会主义与民主[M]. 北京:商务印书馆,2000

[68] Cantillon，R.，Essai sur la nature du commerce on general，ed. H. Higgs，London：Macmillan，1931：15-48

[64] [美]卡森. 企业家，载约翰·伊特韦尔等. 新帕尔格雷夫经济学大词典(第一卷)[M]. 北京：经济科学出版社，1996：162

[70] 转引自西安交通大学《企业家成长机制研究》课题组. 社会主义市场经济条件下企业家成长机制的实证分析与理论研究[R]. 西安：西安交通大学出版社，2000：7-8

[71] Say，J. B.，and Treatise on Political Economy：or the Production Distribution and Consumption of Wealth [M]，New York：Augustus M. Keller. 1964

[72] Marshall，A.，Principles of Economics (9th ed.)[M]，G. W Gilead，London：Macmillan，1961. vol. 2

[73] 马克思. 1844 年哲学——经济学手稿[M]. 刘丕坤译，北京：人民出版社，1979：56

[74] 马歇尔. 经济学原理(下卷) [M]. 北京：北京商务印书馆，1965：259-288

[75] Putnam. R. D，Making Democracy ork：Civic traditions in Modern Italy [M]，Princeton New Jersey：Princeton University Press. 1993

[76] Jamess. S. C，Social Capital in the Creation of Human Capital [J] Mercian Journal of Social logy Supplement，1988(94) 95-120

[77] [美]熊彼特. 经济发展理论[M]. 北京：商务印书馆，1990：5

[78] [美]熊彼特. 经济发展理论[M]. 北京：商务印书馆，1990：3-102

[79] [美]熊彼特，资本主义、社会主义和民主主义[M]. 北京：商务印书馆，1990：164

[80] Locke，E. A. & Latham，G. P.，A Theory of Goal Setting and Task Performance [M]，New York：Prentice Hall. 1991

[81] [美]彼得·德鲁克. 创新与企业家精神[M]. 企业管理出版社，1989：9

[82] [美]彼得·德鲁克. 创新与企业家精神[M]. 企业管理出版社，1989：20-36

[83] D. Maiden Rogers，The Challenge of Fifth generation R&D [J]，Research Technology Management，1996，39(4)：33-41

[84] Knight，Frank & H.，Risk Uncertainty and Profit，Boston [M]，MA：Hart，Schaffer & Marx Houghton Mifflin Company. 1921

[85] Hayek，F. A. Economics and Knowledge [J]，Economics，1937 February

[86] Simon, Herbert A. Administrative Behavior-a study of decision-making processes in administration organizations (4th ed.) [M], New York: The Free Press. 1997

[87] Coase, Ronald H., The Nature of the Firm, Economic [J], 1937(4): 386-405

[88] Jensen, M. & W. Meckling, Theory of the Firm: Managerial Behavior, Agency Costs and Ownership Structure [J], Journal of Financial Economics, 1976(1):3

[89] Douglass C. North, Institutional Change and Economic Performance [M], NY: Cambridge University Press. 1990

[90] Penrose . E. The Theory of the Growth of the Firm[M], London: Basil Blackwell. 1959

[91] Kirzner, Israel M., Competition and Entrepreneurship [M], The University of Chicago Press, 1973: 256

[92] Harvey Eisenstein, General X-Efficiency Theory and Economic Development [M], Oxford University. 1978

[93] Cassen, Mark, The Entrepreneur: An Economic Theory [M], Oxford: Martin Robertson, 1982: 1-6

[94] 张维迎. 公有制经济中的委托人——代理人关系:理论分析和政策含义[J], 经济研究,1995(6):10-20

[95] 张维迎. 所有制、治理结构及委托关系[J]. 经济研究,1996(9):15

[96] 杨瑞龙,周业安. 一个关于企业所有者拥有所有权是一个趋势——兼评周其仁及崔之元的一些观念[J]. 经济研究,1997(1):21-22

[97] 张胜荣. 看不见的资源与现代企业制度[J]. 经济研究,1995(10):41-46

[98] 周其仁. 市场里的企业:一个人力资本与非人力资本的特别合约[J]. 经济研究,1996(6):71-77

[99] 方竹兰. 人力资本所有者拥有企业所有权是一个趋势——兼与张维迎博士商榷[J]. 经济研究,1997(6):36-43

[100] 丁栋虹,刘志彪. 从人力资本到异质型人力资本[J]. 生产力研究,1999(3):7-10

[101] 丁栋虹. 从人力资本到异质型人力资本与同质型人力资本[J]. 理论前沿,2001(5):12-14

[102] 丁栋虹.现代企业:一个异质型人力资本与同质型人力资本的合约[J].唯实,2001(6):45-50
[103] 方竹兰.从人力资本到社会资本[J].学术月刊,2003(2):80-87
[104] 方竹兰.中国体制转轨过程中的社会资本积累[J].中国人民大学学报,2002(5):47-51
[105] 王泽彩.企业家的职业化[M].北京:经济科学出版社,1999:38-48
[106] 梁江,刘冀生.试论战略管理学科的研究框架及发展趋势[J].中国软科学,2002(6):63-66
[107] 成思危.管理科学的现状与展望[J].管理科学学报,1998(1): 8-14
[108] [美] 丹尼尔 A·雷恩.管理思想的演变[M].北京:中国社会科学出版社,2000:547
[109] [美] 丹尼尔 A·雷恩.管理思想的演变[M].北京:中国社会科学出版社,2000:547
[110] 丁栋虹.企业家成长制度论[M].上海:上海财经大学出版社,2000: 380
[111] 成思危.古为今用,洋为中用,取长补短,异途同归——论华夏文化与现代管理的融合[J].管理科学学报,1998(2):11-13
[112] 转引自孙占辉.企业的战略实施[J].国际经济合作,2001(7):30-31
[113] Henry, Mintzberg, The Nature of Managerial Work [M], New York: Harper & Row. 1973
[114] Henry, Mintzberg, The Manager's Job: Folklore and Fact [J], Harvard Business Review, 1975: 76
[115] 亨利·明茨伯格,布鲁斯·阿尔斯特兰得,约瑟夫·兰佩尔.战略历程——纵览战略管理学派[M].北京:机械工业出版社,2001: 87
[116] 吴晓波.大败局[M].杭州:浙江人民出版社,2002: 172-205
[117] [美]迈克尔·波特等.战略——如何建立核心竞争力[M].北京:中国发展出版社,2002:16
[118] [美]迈克尔·波特.竞争优势[M].北京:华夏出版社,1997:33
[119] [美]保罗·托马斯,大卫·伯恩.执行力[M].西安:中国长安出版社,2003:39
[120] Mintzberg, Henry & J. B. Quinn, " Five Ps or Strategy " in The Strategy Process[M], Prentice-Hall International Editions, Englewood Cliffs NJ, 1992: 115-116

[121] 孙耀君. 西方管理学名著提要[M]. 南昌:江西人民出版社,1995:517-521
[122] [美]约翰·科特. 现代企业的领导艺术[M]. 史向东等译,北京:华夏出版社,1997:22
[123] [台]余世维. 赢在执行[M]. 北京:中国社会科学出版社,2005:68
[124] [美]加里·哈梅尔. 竞争大未来[M]. 北京:昆仑出版社,1998: 105
[125] 中国企业家调查系统. 中国企业家成长现状与环境评价[R]. 经济界,1999(3):92-96
[126] 刘永好,鲁冠球等. 总裁的智慧——中国顶尖企业家演讲录[C]. 北京:中央编译出版社,2002:122
[127] 贺子一. 总裁回首[M]. 北京:世界知识出版社,2002:118
[128] Tushman. M. L. & O'Reilly C. A.. 创新制胜[M]. 北京:清华大学出版社,1998:3
[129] [美]克里斯托弗·威南斯. 福布斯——一个曾经拥有一切的人[M]. 北京:经济日报出版社,1999:210
[130] 蒋伏利. 短命的背后——首届 20 名优秀企业家"分化"分析[J]. 中国企业家,1997(11):16-21
[131] Harvey Leibenstein, General X-Efficiency, Theory and Economic Development[M] ,Oxford University. 1978
[132] Knight, Frank H. , Risk, Uncertainty, and Profit, Boston[M], Hart, Schaffner & Marx; Houghton Mifflin Company. 1921:34
[133] [美]熊彼特. 经济发展理论(第二版)[M]. 北京:商务印书馆,1990:63-68
[134] [美]彼得·德鲁克. 创新与企业家精神[M]. 企业管理出版社,1989:32
[135] [日]池本正纯. 企业家的秘密[M]. 沈阳:辽宁人民出版社,1985:158
[136] 袁宝华. 为企业家营造成长的环境[J]. 中国企业家,1997(5):12-15
[137] 严文. 说过的话、走过的路——联想集团总裁柳传志传略[J]. 企业家,1997(10):40-42
[138] 中国企业家调查系统. 企业家价值取向的现状与特征[R]. 管理世界,2000(5):53-56
[139] [台]余世维. 赢在执行[M]. 北京:中国社会科学出版社,2005:126
[140] 宋新宇. 赢在战略[M]. 杭州:浙江人民出版社,2003:33
[141] [美] 彼得·F·杜拉克. 有效的管理者[M]. 北京:求实出版社,1985:1
[142] R. L. 达夫特. 组织理论与设计精要[M]. 北京:机械工业出版社,1999:29

[143] [美] 彼得·F·杜拉克. 有效的管理者[M]. 北京:求实出版社,1985:37

[144] 周三多,邹统钎. 战略管理思想史[M]. 上海:复旦大学出版社,2002:62

[145] [美]理查德·L·达夫特. 组织理论与设计精要[M]. 北京:机械工业出版社,1999:65-69

[146] 简兆权. 基于核心能力的战略管理——战略柔性化的探讨[J]. 管理工程学报,1999(10):37-40

[147] 中国企业家调查系统. 企业文化建设:认识、现状和问题[R]. 经济界,2005(3):91

[148] Eric J. Walton,Sarah Dawson,Manager's Perceptions of Criteria of Organizational Effectiveness [J], Journal of Management Studies, 2001(2):173-199

[149] R. E. Quinn,J. Rohrbaugh, A Spatial of Effectiveness Criteria: towards a Competing values approach to organizational analysis, Management Science[M], 1983.(3):363-377

[150] Clinton O. Longenecker, Why organizations fail: the view from the front-line, Management Decision[M], 1999. 37/6, 503-513

[151] S. A. & R. T. Rumelt, "Uncertain imitability: An analysis of interfrm differences in efficiency under competition" [J] ,Bell Joumal of Economics, 1982(13):418-434

[152] V. P. Rindova & C. J. Fombrun ,Constructing Competitive Advantage: The Role of Firm-Constituent Interactions [J], Strategic Management Journal, 1999(20): 691-710

[153] Palepu, K. , Diversification Strategy, Profit Performance, and The Entropy Measure[J], Strategic Management Journal. 1985 (3): 239-255

[154] Williamson Markets & Hierarchies, Analysis and Antitrust Implications [M], New York: The Free Press. 1975:98

[155] Becker, Gary S. , "A Theory of Allocation of Time"[J], Economic Journal, 1965(75): 493-517

[156] F. Tomer, Organizational Capital The Path to Higher Productivity and Well-being[M], Praeger Publishers. 1987:56

[157] Grant, Robert H. ,竞争优势的资源基础理论:战略形成的应用[J]. 加利福尼亚管理评论,1991(3):33

[158] Collis D. & Montgomery C., Competing on resources: Strategy in the 1990s', Harvard Business Review[J], 1995(July-August): 118-128

[159] Janice Black & Kimberly Boal, Strategic Resources: Traits, Configurations and Paths to Sustainable Competitive Advantage[J], Strategic Management Journal(1994)15:131-148

[160] Stalk, G. & P. Evans& L. E. Shulman, Competing on capabilities: The new rules of corporate strategy[J], Harvard Business Review, 1992 (March-April): 62-63

[161] Farkas, Charles M. & Suzy Wetlaufer, "The Ways Chief Executive Officers Lead"[J], HarvardBusiness Review, 74(3): 1996:110-122

[162] [美]斯蒂芬·P.·罗宾斯,黄卫伟等译. 管理学(第四版) [M]. 北京:中国人民大学出版社,1996:412-427

[163] [美]史蒂芬·柯维,罗杰·梅里尔. 圣丹斯诺言[M]. 北京:中国青年出版社,2005:68

[164] 洪自强. 人力资源测验与效度验证:基于内隐评价策略的思路[D]. 浙江大学博士论文

[165] [美]拉里·搏西迪(Larry Bossidy),拉姆·查兰(Ram Charan). 执行——如何完成任务的学问[M]. 北京:机械工业出版社,2003:1

[166] [美]拉里·搏西迪(Larry Bossidy),拉姆·查兰(Ram Charan). 执行——如何完成任务的学问[M]. 北京:机械工业出版社,2003:67

[167] 转引自余世维. 赢在执行[M]. 北京:中国社会科学出版社,2005:12

[168] 转引自余世维. 赢在执行[M]. 北京:中国社会科学出版社,2005:15

[169] 转引自余世维. 赢在执行[M]. 北京:中国社会科学出版社,2005:16

[170] 余世维. 赢在执行[M]. 北京:中国社会科学出版社,2005:6

[171] 姜汝祥. 真正的执行——一剑穿透执行力[M]. 北京:新华出版社,2005:8

[172] [日]饭野春树,王利平等译. 巴纳德组织理论研究[M]. 上海:三联书店,2004:167

[173] 梁雨谷. 企业执行力的提升[J]. 新一代·财智,2004(4):38

[174] 余世维. 赢在执行[M]. 北京:中国社会科学出版社,2005:99

[175] [美]拉里·搏西迪(Larry Bossidy),拉姆·查兰(Ram Charan). 执行——如何完成任务的学问[M]. 北京:机械工业出版社,2003:1

[176] [美]亨利·明茨伯格,布鲁斯·阿尔斯特兰德,约瑟夫·兰佩尔. 刘瑞红,徐

佳宾,郭武红译. 战略历程[M]. 北京:机械工业出版社,2001:102

[177] [美]詹姆斯·C·柯林斯,杰里·L·波勒斯. 基业常青[M]. 北京:中信出版社,2002:201

[178] 康荣平,柯银斌. 中国企业评论——战略与实践[J]. 北京:企业管理出版社,1999:1

[179] Miller C. C. Burke & L. M. Glick W. H., Cognitive diversity among upper-cchelon executives: implications for strategic decision processes[J], Strategic Management Journal, 199819(1): 39-58

[180] [日]大前研一. 战略家的战略头脑[M]. 上海:三联书店,1985:65

[181] 刘光明. 企业文化[M]. 北京:经济管理出版社,2003:6

[182] [荷]丰斯·特龙彭纳斯,[英]查理斯·汉普登-特纳,关世杰主译. 在文化的波涛中冲浪——理解工商管理中的文化多样性[M]. 北京:华夏出版社,2003:153

[183] 应焕红. 公司文化管理——永续经营的动力源泉[M]. 北京:中国经济出版社,2001:164-168

[184] 詹姆斯·C·柯林斯,杰里·I·波勒斯. 基业常青[M]. 北京:中信出版社,2002:96

[185] 宁高宁. 执行力——成功的公司一定是在战略方向和战术执行力上都到位[J]. 中国企业家,2003(3):28

[186] 余世维. 赢在执行[M]. 北京:中国社会科学出版社,2005:112

[187] 中国企业家调查系统. 企业文化建设:认识、现状和问题[R]. 经济界,2005(3):93

[188] [美]杰克·韦尔奇. 杰克·韦尔奇自传[M]. 北京:中信出版社,2001:308

[189] 方舟等. 警告危机——中国总裁加入 WTO 前的反省[M]. 昆明:云南人民出版社,2000:99

[190] Richard P. Rumelt, Strategy Structure and Economic Performance[M], Cambridge: Harvand University Press, 1974. 10

[191] 苏东水. 管理心理学(第四版)[M]. 上海:复旦大学出版社,2002:126

[192] Steven W. Floyd & Bill Wooldridge, Middle Management Involvement in Strategy and its Association with Strategic Type: A Research Note, Strategic Management Journal[J], 1992(13): 153-167

[193] Jane E. Dutton & Susan J. Ashford & Regina M. O' neill, Reading the

Wind: How Middle Managers Assess the Context for Selling Issues to Top Managers, [J] Strategic Management Journal,1997, 18(5):407-425

[194] Steven W. Floyd & Bill Wooldridge, Dinosaurs or Dynamos, Recognizing Middle Management'sStrategic Role[J], Academy of Management Executive, 1994(8): 47-57

[195] Manab Thakur, Involving Middle Managers in Strategy Making[J], Long Range Planning, 1998(5):732-741

[196] Robert A. Burgelman, A Process Model of Internal Corporate Venturing in the Diversified Major Firm, Administrative Science Quarterly[J], 1983 (28):223-244

[197] James M. Pappas & Bill Wooldridge, Social Networks and Strategic Knowledge: A Study of Strategic Renewal from a Mid level Perspective [A], Academy of Management Proceedings,2002:65

[198] David N. Williams, Mining the Middle Ground: Developing Mid level Managers for Strategic Change[M]. CRC Press, 2000. 322-326

[199] J. Balogun, From Blaming the Middle to Harnessing its Potential: Creating Change Intermediaries British Journal of Management[J], 2003(14): 69-83

[200] Hornsby, Jeffrey S. , Middle Managers' Perception of the Internal Environment for Corporate Entrepreneurship Assessing a Measurement Scale [J], Journal of Business Venturing, 2002(5): 253-273

[201] King, Adelaide Wilcox, Managing Organizational Competencies for Competitive Advantage: The Middle Management Edge[J], Academy of Management Executive, 2001 (5): 95-106

[202] 孙建.海尔的企业战略[M].北京:企业管理出版社,2002:53-55

[203] [美]菲利普·科特勒.市场营销导论[M].北京:企业管理出版社,2000:72

[204] Michael H. Zack, Managing Codified Knowledge[J], Sloan Management Review, 1999(2): 46

[205] [美]德鲁克.创新与企业家精神[M].北京:企业管理出版社,1989:156

[206] 田本富.与成功对话——中国顶尖企业家访谈录[M].北京:中央编译出版社,2002:65

[207] [美]翁政文.缔造成功——21世纪企业竞争与生存方略[M].北京:商务印

书馆,2003:71
[208] [美]彼得・圣吉等.变革之舞——学习型组织持续发展面临的挑战[M].北京:东方出版社,2002:316
[209] [美] 尼尔・瑞克曼.合作竞争大未来[M].北京:企业管理出版社,1998:36-38
[210] Orit Gadiesh & James L. Gilbert, How to Map Your Industry's Profit Pool[J], Harvard Business Review, 1998(3): 149-161
[211] 资料来源:Http://homea.people.com.cn/GB/41392/3877337.html
[212] 中国企业家调查系统.企业文化建设:认识、现状和问题[R].经济界,2005(3):93
[213] 贺子一.总裁回首[M].北京:世界知识出版社,2003.328
[214] 孙健.海尔的企业文化[M].北京:企业管理出版社,2002.1-26
[215] 孙健.海尔的战略[M].北京:企业管理出版社,2002.96

附录:攻读博士学位期间主要研究工作及发表论文

一、主要研究工作

1. 中国水利可持续发展战略研究(水利部项目)
2. 中国长江三峡总公司发展战略研究(中国三峡总公司项目)
3. 中国长江三峡总公司多元化发展战略研究(中国三峡总公司项目)
4. 跨国公司在华特殊环境要素研究(美国联合基金项目)
5. 中美不同文化中的企业战略比较研究(美国联合基金项目)
6. 中国海河流域水利可持续战略研究(水利部海河水利委员会项目)
7. 深圳安远公司发展战略研究(深圳安远公司项目)
8. 著名跨国公司在华竞争战略研究(国家自然科学基金项目)

二、发表论文

1. 刘雪、张阳,企业家模式战略调整范式研究,山西财经大学学报(社科版),2005(4)。
2. 刘雪、张阳,战略实施资源的动态匹配研究,现代管理科学,2006(2)。
3. 刘雪、张阳,我国就业问题的现状及对策,经济论坛,2004(1)。
4. 刘雪、张阳,中国制造业的现状及战略选择,现代管理科学,2004(1)。
5. 刘雪、张阳,企业绿色营销战略的构建,江苏商论,2004(6)。
6. 刘雪、张阳,构建中国物流发展的竞争战略,中国流通经济,2003(11)。
7. 许佳军、刘雪,南水北调工程风险识别及其控制,河海大学学报(社科版),2004(3)。
8. 刘雪、胡敏洁,网络对青少年的负面影响及对策,河海大学学报(社科版),2002(1)。

致 谢

时光飞逝，斗转星移，不知不觉我已过了而立之年，拿出这份博士论文对我来说显得具有别样的意义。这不仅意味着对于学校生活的告别，也意味着未知生活的重新开始。看着桌上的博士论文，只是深深的感受到其中的艰辛与波折。对于一个屡经专业转变，从英语专业、法学专业转到管理学专业的我而言，完成这样一个被称为战略管理“缺失一环”的论题，始终充满了挑战。从搜集资料、完成文献综述和写作提纲到论文的定稿，我真正体味到导师所说的“做博士论文的感觉”。凝视书桌上的论文，心情久久难以平静，千言万语汇聚成两个字——感谢！衷心感谢所有曾经给予我关心、支持和帮助的人！

衷心要感谢我最敬畏的导师张阳教授！四年来的博士学习，导师对我学术的指导和生活的关心是我不敢懈怠的永动力。从入学第一次的见面，到后来为了博士论文乃至日常生活的种种交流，每次都让我感受到一个导师对学生可谓“苦口婆心”的关怀和爱护。每次见面，都让我有了新的灵感和激情，都是一个思想火花不断碰撞的过程。导师高尚的人品、诲人不倦的师德、宽厚待人的学者风范、渊博的知识、严谨的治学作风，时时刻刻潜移默化地教育与鼓励着我，这些必将使我终身受益。我知道，对于导师仅仅表达由衷的感激和程门立雪的尊敬是远远不够的，惟有不断进取，才不至于辜负导师的希冀。

衷心感谢商学院的何似龙先生，何老师每次如父子般的谈话，对我的论文来说都有很大的启发，写作思路也为之开阔，尤其是毕业论文的最终定稿离不开何老师的悉心指导，衷心祝愿何老师和师母永远年轻、健康、长寿！

衷心感谢我的硕士阶段的导师符丕大教授和师母孙老师以及符门弟子七年来的关心和帮助！谨祝符老师永远具有青春活力，师母孙老师永远年轻！

感谢杨建基教授、赵永乐教授、郑垂勇教授、章仁俊教授、许长新教授、史安娜教授、唐德善教授、王慧敏教授、章恒全教授、钱旭潮教授、吴凤平教授、石高玉教授、周海炜副教授、汪群副教授、颜素珍副教授、许纪校副教授、刘戎副教授、司马雪放老师、唐震老师、于陶老师；潘正初副教授、雷贵荣老师、李峰等研究生院的各位老师;河海大学学报编辑部吴玲老师以及商学院图书室的任老师和邓老师。

衷心感谢水利部综合事业局局长王文珂先生、国家开发银行企业局局长缪信山先生、贵州南巨集团董事长姜流先生、黄河水利委员会黑河流域管理局副局长李向阳先生、淮河水利委员会副主任汪斌先生、南水北调投资计划司处长王平先生、水利部规划司一处处长金旸先生、河海水利工程咨询公司总经理孙栓国先生、盐城师范学院院长成长春先生、国家税务总局扬州税务学院洪兆平副教授、上海浦东发展银行财务总经理孙涛先生、中国工商银行江苏分行副总经理姜乔先生。

衷心感谢阿尔卡特上海贝尔公司邓华北先生、科尔尼公司大中华区许冠强先生、金陵药业集团投资公司总经理林海涛先生、海尔集团人力资源部朱强博士、上海宝信集团人力资源部经理冯军先生。

衷心感谢河海大学的屠高博士、李发文博士、吕刚博士、苏世伟博士、姚荣博士、周杰博士、苏飞博士、邢领航博士、徐强博士、张海波博士、胡星球博士、王华博士、张杰邈博士、刘振东硕士、何苗硕士;南京师范大学孔燕硕士;中共中央党校樊继达博士、邵士庆博士;南京大学商学院苏大威博士、吴鹏博士;东南大学经管院李超杰博士、胡小龙博士。

衷心感谢河海大学商学院战略管理研究所的全体师兄、师姐和师弟、师妹们。

我要深深地感谢我优秀的妻子——浙江大学法学院的胡敏洁博士和我勤劳、善良、淳朴的家人,是他们的理解、支持和帮助使我得以完成博士学业。

最后,对审阅本文和参加论文评审及答辩的专家表示诚挚的感谢,正是你们的辛勤劳动使论文画上圆满的句号。

本论文是建立在前人相关研究基础之上的,对此也要表示感谢。似乎还有诸多要感谢的人,在此一一谢过。这些曾经帮助与鼓励过我的人,将为我未来的生活带来处处温馨的感觉。

文中仍有很多不成熟、甚至是幼稚的探索,常常会让我夜不能寐,寝食难安,这些还有待于专家和学者的批评指正。当然,文责由我本人来负!

刘　雪

二零零六年三月于清凉山下